Les changements climatiques

Postulat ou thème plein de controverses ?

Les impliqués
Éditeur

Fondée en 2014, notre maison d'édition se consacre à la publication d'ouvrages relevant de divers domaines : littérature, récits personnels, premiers romans et nouvelles, essais en sciences humaines, religion, économie, etc.

Les impliqués ont pour vocation de publier, après sélection, les manuscrits qui leur sont confiés. Ils proposent ainsi aux auteurs de faire de leur projet d'écriture une réalité et d'éditer, après une réelle collaboration avec eux, leur ouvrage issu de leurs souvenirs, de leur imagination, de leurs rêves, de leur recherche ou encore de leur travail.

Anca-Ileana Duşcă

Les changements climatiques

Postulat ou thème plein de controverses ?

Essai

Traduit du roumain par Diana Dănişor

Les impliqués
Éditeur

5-7, rue de l'École-Polytechnique – 75005 Paris
www.lesimpliques.fr
contact@lesimpliques.fr
ISBN : 979-10-428-0206-6
EAN : 9791042802066
Pour l'envoi de vos manuscrits : voir à la fin de cet ouvrage

Avant-propos

Dans un monde où les enjeux climatiques ne cessent de prendre de l'ampleur, il est crucial de comprendre les dynamiques qui sous-tendent nos perceptions et nos actions face au changement climatique. Dans cet ouvrage, on explore la division croissante entre ceux qui embrassent pleinement les conclusions scientifiques et les politiques qui en découlent, et ceux qui adoptent un scepticisme plus marqué. Cette polarisation, exacerbée par une compréhension limitée du sujet, reflète les complexités scientifiques, la saturation médiatique et les divisions politiques qui caractérisent notre époque. Les dissensions parmi les experts soulignent la diversité des perspectives scientifiques et remettent en question les consensus établis, mettant ainsi en lumière les lacunes de la science climatique actuelle.

Ce livre aborde de manière approfondie les différentes perspectives et les défis liés au changement climatique. Il offre une analyse nuancée de la polarisation des opinions et des politiques environnementales, ainsi qu'une exploration des complexités scientifiques qui sous-tendent la question du changement climatique.

L'objectif fondamental de ce livre est d'offrir une perspective équilibrée et éclairée sur les changements climatiques. L'accent mis sur une perspective équilibrée est essentiel pour aborder un sujet aussi complexe et controversé que les changements climatiques. En examinant les preuves scientifiques de manière impartiale et en explorant les différentes positions politiques et sociales, le livre cherche à présenter une vision complète du problème. La prise en compte des preuves scientifiques est cruciale pour établir une compréhension solide des changements climatiques. En analysant les données et les recherches les plus récentes, le livre vise à fournir aux lecteurs une base factuelle sur laquelle fonder leurs opinions et leurs actions. Les débats politiques entourant les changements climatiques sont nombreux et souvent polarisés. En examinant ces débats de manière critique, le livre cherche à aider les lecteurs à comprendre les différents intérêts et perspectives en jeu, tout en encourageant une réflexion nuancée. Les changements climatiques ne sont pas seulement un problème scientifique ou politique, mais aussi un enjeu social majeur.

Le livre explore donc les aspects sociaux des changements climatiques, y compris les impacts sur les communautés vulnérables et les questions de justice environnementale.

En offrant une analyse approfondie et équilibrée, le livre vise à encourager des discussions constructives sur les changements climatiques. Plutôt que de susciter la polarisation ou la confrontation, il cherche à créer un espace où les lecteurs peuvent échanger des idées de manière ouverte et respectueuse.

Enfin, le livre aspire à inspirer des actions positives pour un avenir durable. En mettant en lumière les défis mais aussi les opportunités associées aux changements climatiques, il encourage les lecteurs à s'engager dans des actions concrètes pour protéger l'environnement et promouvoir la durabilité.

Prof.univ.dr.habil. Diana Dănişor
Membre associé de l'Académie des hommes de science de Roumanie

Chapitre I. Les changements climatiques – postulat

Section 1. Prémisses théoriques

Les changements climatiques intervenus au niveau du système climatique[1], preuve directe et immédiate des conséquences négatives que la pollution atmosphérique crée sur l'environnement tout entier, phénomène qui entraîne des modifications presque irréversibles dans l'équilibre et le fonctionnement de tous les autres facteurs naturels et artificiels de l'environnement, constituent, en raison des manifestations concrètes et de l'ampleur universelle de l'impact provoqué, le problème environnemental le plus important et le plus grave auquel la communauté internationale est confrontée[2]. Le climat

---

[1] M. Duțu, M. Duțu-Buzura, *Introducere în dreptul climei – Regim juridic complex și o inedită disciplină științifică*, Studii și Cercetări Juridice, an 9 (65), nr. 3, p. 323–468, București, juin–septembre, 2020 www.rscj.ro/scj-3-20210.pdf - consulté le 12.12.2023; M. Duțu, Prefață la A. Busuioc (coord.), *Variabilitatea și schimbarea climei în România*, Ed. Pro Universitaria, București, 2010, p.9 et s., cité par M. Duțu, *Dreptul climei Regimul juridic al combaterii și atenuării încălzirii globale și adaptării la efectele schimbărilor climatice*, Ed. Universul Juridic, București, 2021, p. 39; M. Duțu, *Justiția climatică,* Pandectele Române, nr. 5/2016; A. Duțu, *Dreptul climei (al schimbărilor climatice). Contenciosul ca factor de progres juridic*, Studii și cercetări juridice, nr. 3/2018, p. 333-356; M. Duțu, *Justiția climatică și rolul său în realizarea și dezvoltarea dreptului mediului. Contextul unional-european și People's Climate Case,* Dreptul, nr.10/2019; C. R. Mitroi, *Globalizarea și mediul. Protecția juridică internațională referitoare la schimbările climatice*, în volumul Conferinței internaționale Globalization and intercultural dialogue: multidisciplinary Perspectives, ed. Iulian Boldea, Târgu-Mureș, Ed. Arhipelag XXI, 2014, p. 309-316; A. Duțu, *Franța: Convenția cetățenească pentru climă revine la propunerea de incriminare a infracțiunii de ecocid*, Pandectele Române, nr. 5/ 2020.

[2] Concernant la clarification de la distinction entre les notions de "changements climatiques" et "réchauffement climatique", voir : B. Saul, T. Stephens, J. McAdam, S. Sherwood, J. Slazek, *Introduction: Warming to a Global Challenge. Climate Change and Australia: Warming to the Challenge*, Federation Press, Sydney Law School Research Paper No. 14/10, 2012 Introduction: Warming to a Global Challenge by Ben Saul, Tim Stephens, Jane McAdam, Steven Sherwood, James Slazek :: SSRN - consulté le 12.12.2023; D. Estrin, H. Kennedy, *Achieving Justice and Human Rights in an Era of Climate Disruption*, International Bar Association Climate Change Justice and Human Rights Task Force Report, 2014, p. 45, Climate Change

est défini comme une synthèse du temps sur une période suffisamment longue pour permettre la détermination de certaines caractéristiques statistiques de celui-ci ; en climatologie, selon les accords internationaux, la période de 30 ans (1961-1990) est appelée période de référence. Dans la théorie du climat, le concept de système climatique a été introduit au début des années 70, comprenant l'atmosphère, l'océan, la surface terrestre, la biosphère et la cryosphère, considérées comme des sous-systèmes ; la nature différente de ces sous-systèmes qui interagissent les uns avec les autres génère la variabilité climatique[3].

a.Que disent les spécialistes?

L'atmosphère est définie, par les dictionnaires[4], comme l'enveloppe gazeuse composée d'air entourant la Terre sans limite supérieure précise, passant progressivement dans l'espace extraterrestre, est un mélange de gaz nécessaire à la vie aérobie, comprenant 78,09% d'azote, 20,93% d'oxygène, 0,93% d'argon, 0,03% de dioxyde de carbone, de néon, d'hélium, de krypton, d'hydrogène, de xénon, d'ozone, etc., ainsi que de vapeur d'eau, de poussière, de micro-organismes. Outre son rôle de "tampon, de manteau de protection entre la croûte terrestre et le reste du

---

Justice and Human Rights Report.indb (ibanet.org) - consulté le 12.12.2023. Le terme "réchauffement climatique" a été introduit pour la première fois en 1975 à travers un article scientifique signé par le géochimiste Wallace Broecker de l'Observatoire Géologique Lamont Doherty de l'Université de Columbia, intitulé "Changement climatique : sommes-nous sur le point de connaître un réchauffement global ?" cité par C.R. Mitroi, *Regimul internațional al protecției atmosferei*, Ed. Hamangiu, București, 2019, p. 35.

[3] T. Gridan, N. Țicleanu, *Încălzire globală sau glaciațiune?*, Ed. Didactică și Pedagogică, București, 2006, p. 161.

[4] A. Chioreanu, Gh. Rădulescu, (coord), *Mic dicționar enciclopedic – cu ilustrații*, Ed. Enciclopedică Română, București, 1972; R. Bojariu, Z. Chițu, S. I. Dascălu, M. Gothard, L. F. Velea, R. Burcea, A. Dumitrescu, S. Burcea, L. Apostol, V. Amihaesei, L. Marin, V. Ștefan Crăciunescu, A. Irimescu, M. Mătreață, A. Niță, M. V. Bîrsan, *Schimbările climatice – de la bazele fizice la riscuri și adaptare,* Ediție revăzută și adăugită, Administrația Națională de Meteorologie, Ed. PRINTECH, București, 2021, p. 16. Bojariu et al 2015-02-20 13h (meteoromania.ro) - consulté le 15.12.2023.

cosmos"[5], l'atmosphère maintient une température propice à la vie sur Terre[6]. Mais au-delà de ces rôles, l'air est un élément fondamental de l'existence de la vie sur Terre car il fournit l'oxygène vital pour répondre aux besoins physiologiques. En tant qu'élément de l'environnement de vie, l'air doit remplir un certain nombre de conditions exprimées par la température, l'humidité, la pureté, la composition chimique, et ces conditions doivent se situer dans les limites de tolérance du corps humain et de l'existence de la faune et de la flore[7].

En raison des phénomènes naturels, mais aussi des activités humaines, l'air a subi des modifications majeures, se manifestant soit par des changements dans la concentration de certains composés naturels, soit par l'introduction d'éléments étrangers à cet environnement, tels que des substances radioactives, des produits chimiques résultant d'activités humaines, l'air devenant ainsi "la poubelle" pour tous les gaz ou déchets gazeux produits par les organismes vivants[8]. Par conséquent, on parle d'air pollué non seulement lorsque la présence de substances étrangères à la composition naturelle de l'air se manifeste, mais aussi lorsque leur quantité le rend impropre à remplir ses fonctions. À partir de là, pour les spécialistes de différents domaines, la notion d'"air pollué" aura des significations différentes ; ainsi, pour un médecin, l'air est pollué lorsque la concentration de substances étrangères atteint des niveaux nocifs pour le corps humain, tandis que pour un technologue industriel préoccupé par la corrosion, l'air est pollué lorsque les polluants atteignent des concentrations qui altèrent la structure et le fonctionnement des différentes installations[9].

---

[5] M.Barnea, C.Papadopol, *Poluarea şi protecţia mediului*, Ed. Ştiinţifică şi Enciclopedică, Bucureşti, 1975, p.23.

[6] D.Marinescu, *Tratat de dreptul mediului*, Ediţia a II-a, 2007, Ed. Universul Juridic, Bucureşti, p.119; C. R. Mitroi, *Regimul juridic internațional al protecției atmosferei*, Ed. Hamangiu, Bucureşti, 2019, p. 34.

[7] A.I.Duşcă, *Dreptul mediului, Ediţia a III-a, revăzută şi adăugită*, Ed. Universul Juridic, Bucureşti, 2021, p. 120.

[8] S.Neguţ, *Un singur pământ Omul şi mediul înconjurător,* Ed. Albatros, Bucureşti, 1978, p.152.

[9] *Idem.*

Il découle de ce qui précède que, selon leur origine, les sources de pollution de l'air se divisent en sources naturelles - comprenant le volcanisme[10] qui pollue l'air par des cendres, des oxydes d'azote, de carbone, de soufre, de potassium... ; les tempêtes de poussière et de sable, à travers les poussières correspondantes ; la radioactivité terrestre ; les processus de décomposition de la matière organique et animale, l'auto-combustion des masses végétales ; les décharges électriques lors des tempêtes, qui affectent la couche d'ozone ; les tremblements de terre, qui, par la destruction de différents bâtiments, d'habitations ainsi que d'entreprises industrielles, d'usines chimiques, de raffineries, de dépôts de combustibles, de laboratoires de recherche nucléaire ou microbienne, génèrent des poussières, des résidus, des microbes et des maladies dues aux cadavres en putréfaction ; les ouragans, tant par l'énergie dégagée que par les conséquences néfastes - et les sources anthropiques, anthropogènes ou artificielles - comprenant l'ensemble des activités humaines altérant les propriétés de l'air et pouvant être regroupées en quelques grandes catégories : l'industrie, les moyens de transport, le chauffage domestique.

La pollution atmosphérique a connu une augmentation importante avec le développement industriel, et ces dernières décennies ont été témoins d'une expansion préoccupante avec des conséquences graves à l'échelle planétaire ; ainsi, des phénomènes aux effets dévastateurs sur l'environnement et la

---

[10] "Lorsque l'île de Krakatao, située dans le détroit entre Sumatra et Java, a été soufflée par une éruption volcanique en 1883, le nuage de poussière et de cendres a provoqué une obscurité totale pendant 24 heures sur une zone de 100 miles à l'ouest du volcan. Un grand nuage de poussière a été observé autour de l'équateur pendant deux semaines. Son passage dans les zones tempérées a provoqué des levers et des couchers de soleil brillamment colorés pendant 2 ans." C.Mandravel, M.Guţul-Văluţă, *Pământenii - duşmanii Terrei?*, Ed. Albatros, Bucureşti, 1987, p.20. Voir aussi M. Boichu, O. Favez, V. Riffault, J-E., Petit, Y., Zhang, C. Brogniez, J., Sciare, I., Chiapello, L., Clarisse, S., Zhang, N., Pujol-Söhne, E., Tison, H., Delbarre, P., Goloub, *Large-scale particulate air pollution and chemical fingerprint of volcanic sulfate aerosols from the 2014–2015 Holuhraun flood lava eruption of Bárðarbunga volcano (Iceland),* Atmos. Chem. Phys., 19, 14253–14287, https://doi.org/10.5194/acp-19-14253-2019 - consulté le 15.12.2023.

santé humaine ont émergé, notamment : l'effet de serre, les pluies acides, le smog et la destruction de la couche d'ozone.

L'effet de serre est largement causé par le dioxyde de carbone ($CO2$[11]) car son impact sur l'atmosphère est similaire à celui des serres, permettant aux rayons solaires chauds de pénétrer mais ne laissant pas la chaleur excédentaire s'échapper dans l'espace. En plus de l'effet de serre, le dioxyde de carbone est également associé au réchauffement climatique, dont les effets, bien que pas entièrement compris, ont tendance à intensifier les tempêtes tropicales, la désertification massive, et l'élévation du niveau de la mer à cause de l'expansion de l'eau due à son réchauffement[12].

Les pluies acides, ou "pluies assassines", sont des précipitations avec un pH[13] inférieur à 5, dans certaines zones industrialisées d'Europe, pouvant atteindre 2 ou 3, soit une acidité supérieure à celle du vinaigre. Les pluies acides, résultat de la pollution principalement par le dioxyde de soufre[14] et les

---

[11] La combustion complète de divers carburants produit du CO2 (dioxyde de carbone), tandis que la combustion incomplète produit du CO (monoxyde de carbone). Par conséquent, à l'exception de la respiration et des processus de décomposition, le CO2 et le CO proviennent de la combustion de carburants tels que le charbon, l'essence, le pétrole, le bois, etc., ce qui signifie que ces substances proviennent à la fois de sources mobiles telles que les véhicules automobiles, et de sources fixes telles que les centrales de combustion de carburants. Les effets sur la santé humaine sont graves et peuvent entraîner des affections nerveuses, cardiovasculaires et pulmonaires. R.Olinescu, M.Creabu, *Mecanisme de apărare a organismului împotriva poluării chimice*, Ed. Tehnică, Bucureşti, 1990, p.120-122.

[12] S.Ţurlea, *S.O.S. natura în pericol*, Ed. Politică, Bucureşti, 1989, p.154-155.

[13] En bref, le pH provient du "potentiel d'hydrogène" et exprime l'acidité ou la basicité d'une substance sur une échelle de 0 à 14. Ainsi, le pH idéal pour la santé serait de 7, la valeur totalement neutre. Voir G. A. Dumitrel, D. Dumitrel, *Determinarea standardelor pH-metrice în diverşi solvenţi neapoşi sau micşti,* Ed. Politehnică, Bucureşti, 2010.

[14] Le dioxyde de soufre (SO2) est un composé oxygéné du soufre, un gaz incolore avec une odeur piquante, qui résulte de la combustion de carburants tels que le charbon et le pétrole. Il est facilement transporté sur de longues distances et conduit à la formation des pluies acides ainsi qu'à l'aggravation des maladies respiratoires. En fait, partout où des combustibles fossiles sont utilisés pour le chauffage, ce gaz est émis, attaquant non seulement les plantes, mais aussi les voies respiratoires des humains et des animaux.

oxydes d'azote[15], ont été appelées "pluies assassines" en raison de leur effet sur les arbres, paralysant leurs systèmes respiratoire, circulatoire et digestif[16].

I.Fratric, K.Chalupa, J.Kralika: *Trogoky kon civilizacie*, Obzor, Bratislava, 1975, p.90, cité par S. Neguţ, *op. cit.*, p.157.

[15] D'autres produits polluent également l'air, parmi ceux-ci, nous mentionnons uniquement : l'ammoniac (NH3) (un gaz incolore, à l'odeur désagréable, toxique, soluble dans l'eau, provenant des processus technologiques de fabrication et d'utilisation ainsi que de la combustion de la végétation et de la biomasse ; comme tout gaz, il provoque des affections respiratoires et, en grandes quantités, l'asphyxie), les oxydes d'azote (NOx) (ce sont des composés d'azote et d'oxygène, les plus dangereux étant l'oxyde nitrique (NO) et le dioxyde d'azote (NO2). Ils proviennent des véhicules automobiles, mais aussi de la combustion du charbon, du pétrole, du gaz naturel, du bois, des ordures ménagères et industrielles et nuisent à la santé humaine en affectant les voies respiratoires), les composés organiques volatils (COV) (produits pétroliers, essence, éthers de pétrole, benzène, acétone, chloroforme, esters, phénols, etc., provenant des véhicules automobiles et des processus industriels de combustion des carburants ; ils contribuent à la formation du smog et aux affections du système respiratoire, à la réduction de la résistance aux infections, etc.), les substances radioactives (avec des origines et des caractéristiques différentes, se présentent sous forme de gaz, de particules, de poussières ou d'aérosols et affectent gravement l'atmosphère jusqu'à de grandes hauteurs, ainsi que l'eau, le sol et tous les organismes vivants. Les sources de pollution sont : les installations de production d'énergie nucléaire, les installations d'exploitation et de traitement des minerais, les dépôts de déchets radioactifs, les essais militaires ; par exemple, en ce qui concerne les essais atomiques, on a constaté, après des explosions atomiques expérimentales réalisées par les grandes puissances nucléaires dans des zones inhabitées du globe, que les précipitations et la poussière atmosphérique déposée dans des zones très éloignées des sites des expériences étaient radioactives et contenaient du 90Sr, 137Cs et d'autres éléments radioactifs), le plomb (Pb) (connu des humains en raison des composés ajoutés à l'essence pour augmenter son indice d'octane, pénètre dans l'organisme non seulement par l'air, mais aussi par l'eau et les aliments. Bien que sa toxicité soit connue, le plomb est utilisé dans la fabrication de tuyaux pour l'approvisionnement en eau, de boîtes de conserve, d'émail, etc. L'intoxication chronique au plomb est appelée saturnisme et se manifeste par des troubles rénaux, nerveux, etc.).

P. Mondal, *Essay on Radioactive Pollution: Sources, Effects and Control of Radioactive Pollution*, Essay on Radioactive Pollution: Sources, Effects and Control of Radioactive Pollution (yourarticlelibrary.com); D. Butler, *Nuclear safety: reactors, residents and risk*, Nature, 2011, p. 400-401, Reactors, residents and risk | Nature; JS. Smith Jr, JH. Fisher JH, *Three Mile Island. The silent disaster*, JAMA, 1981, p. 1656-1659, Three mile island. The silent disaster - PubMed (nih.gov)- consultés le 15.12.2023.

Le smog est un mélange de fumée et de brouillard ((”smoke” en anglais) et brouillard (”fog”). Il existe deux types de smog : celui résultant principalement du dioxyde de soufre, également appelé "smog londonien", responsable de 4000 décès entre le 5 et le 8 décembre 1952[17] ; celui résultant des hydrocarbures non brûlés provenant des gaz d'échappement des véhicules automobiles et des oxydes d'azote, également appelé "smog de Los Angeles"[18]. Outre la fumée et le brouillard, la localisation des installations industrielles dans des vallées profondes et des dépressions, où se produisent fréquemment des phénomènes météorologiques tels que le calme et l'inversion thermique[19], contribue à l'accumulation de concentrations dangereuses de polluants.

En ce qui concerne la destruction de la couche d'ozone, il convient de rappeler que l'ozone a la formule chimique O3 et se forme par l'action des rayons ultraviolets du soleil sur les molécules d'oxygène (O2) ordinaires. Bien que l'ozone soit continuellement produit, il est très facilement détruit par le monoxyde d'azote (NO) et surtout par les agents réfrigérants

---

16 I.Fratric, K.Chalupa, J.Kralik, *Trogoky kon civilizacie*, Obzor, Bratislava, 1975, p.90, cité par S. Neguţ, *op. cit.*, p.157, p.117-118.

17 "Bien que le nombre de décès soit impressionnant, ce n'est qu'en 1963 que le premier décret contre la pollution de l'air, le 'Clear Air Act', a été promulgué.", I.Grigorescu, *Paradisul murdar*, Ed. Cartea Românească, Bucureşti, 1974, p.77.

18 Si pour Londres le smog s'est manifesté comme un nuage noir, lourd, transformant le jour en nuit, dans le district de Las Vegas, le smog s'est présenté sous la forme d'une masse blanchâtre, avec des nuances jaunâtres et brunes, provoquant des irritations oculaires. Le phénomène a persisté de 1943 à 1962 pendant 180 à 212 jours par an malgré toutes les mesures prises par les autorités pour réduire les émissions de SO2 et d'hydrocarbures. C. Mandravel, M.Guţul-Văluţă, *op. cit.*, p.22.

19 *L'inversion thermique* est un phénomène météorologique qui se caractérise par une augmentation de la température de l'air avec l'altitude (inversion par rapport à la situation habituelle), c'est-à-dire la présence d'une couche d'air, d'épaisseur variable à une hauteur de plusieurs dizaines, centaines ou même milliers de mètres, plus chaude que les couches au sol ; en conséquence, le mouvement ascendant est empêché car une sorte de parapluie se forme sous lequel les émanations toxiques se concentrent. S. Neguţ. *op. cit.*, p.164; Inversiunea termică blochează poluarea la nivelul solului — Agenţia Europeană de Mediu (europa.eu) - consulté le 15.12.2023.

tels que les CFC, les chlorofluorocarbones, qui ont un effet dévastateur sur l'ozone et sont donc interdits[20].

b. Le développement durable, souhaité par l'éco-développement.

Le concept de développement durable, imposé relativement récemment, repose sur deux constatations majeures : les activités humaines sont dépendantes de l'environnement et des ressources, et en même temps, la santé, la sécurité sociale et la stabilité économique de la société sont essentielles pour définir la qualité de vie.

À ces constatations s'ajoutent les discussions au niveau international : la Conférence de Stockholm de 1972, qui a pour la première fois alerté sur l'avenir de l'humanité en raison de la détérioration de l'environnement due aux activités humaines ; la Conférence de Vienne de 1986, qui a tenté de trouver des solutions réalistes pour réduire la consommation de substances nuisibles à la couche d'ozone entourant la planète ; le Rapport Brundtland[21] de la Commission mondiale sur l'environnement

---

[20] "Chaque atome de chlore libéré fait disparaître de l'atmosphère 100 000 molécules d'ozone." S. Țurlea, op. cit., p.155-157. La Convention de Vienne pour la protection de la couche d'ozone, (J.O. n° 292 du 15 décembre 1993), définit, à l'article 1, la couche d'ozone comme étant "la couche d'ozone atmosphérique située au-dessus de la couche limite planétaire." CONVENTIE 22/03/1985 - Portal Legislativ (just.ro) - consulté le 17.12.2023Le Protocole de Montréal du 16 septembre 1987 concernant les substances qui appauvrissent la couche d'ozone (J.O. n° 292 du 15 décembre 1993) inclut à l'Annexe 1 les Substances contrôlées - CFC13, CFC 11, CFC 12, CFC 13, CFC 113, CFC 114, CFC 115.

[21] Le concept de développement durable - *écodéveloppement* est très bien expliqué dans l'œuvre de H. Brookfield, qui démontre de manière remarquable le développement interdépendant. Le développement durable est un développement des populations par elles-mêmes, en utilisant mieux les ressources naturelles et en s'adaptant à un environnement qu'elles transforment sans le détruire.H. Brookfield, *Interdependent development*, Methuen, Londra, 1975, https://journals.sagepub.com/doi/abs/10.1177/030913259602000105 - consulté le 10.01.2024.

et le développement, paru en 1987[22], après la catastrophe de Tchernobyl, intitulé "Notre avenir à tous", qui contient la définition la plus citée du développement durable : le développement durable est celui qui répond aux besoins du présent sans compromettre la capacité des générations futures à satisfaire leurs propres besoins[23].

Plus spécifiquement, le Rapport Brundtland considère le développement durable comme "la réorganisation des ressources techniques, scientifiques, écologiques, économiques et sociales de manière à ce que le système hétérogène résultant puisse être maintenu dans un état d'équilibre spatio-temporel". De ces définitions, plusieurs aspects du développement durable résultent : tout d'abord, il a pour cadre de référence l'ensemble de la planète ; ensuite, il a un cadre de référence temporel transgénérationnel car il lie le concept de "durabilité" aux questions éthiques concernant les droits des générations futures[24] ; ensuite, il se réfère aux besoins, de manière générale, impliquant la satisfaction des besoins des pays pauvres et la réduction de la consommation et des structures de production dans les pays industrialisés ; enfin, il implique une approche interdisciplinaire, ou plus précisément, il suppose la coordination des exigences économiques, sociales et environnementales. En conséquence, le "développement durable" n'est pas seulement un sujet de recherche scientifique et un point de référence pour les politiques environnementales, mais il a surtout des implications et des connotations éthiques[25].

---

[22] D'après le nom du premier ministre norvégien Gro Harlem Brundtland. Voir A. Vădineanu, C.Negrei, P. Lisievici, *Dezvoltarea durabilă, Teorie și practică Volumul II Mecanisme și instrumente*, Ed. Universității din București, 1999, p. 184.

[23] http://netzwerk-n.org/wp-content/uploads/2017/04/0_Brundtland_Report-1987-Our_Common_Future.pdf - consulté le 10. 01.2024.

[24] Donc, le développement durable reconnaît le développement économique tout en modifiant les stratégies qui doivent tenir compte des limites écologiques. Voir D. Dănișor, A.I. Dușcă, *The right to sustainable development*, in Iulian Boldea (Ed) Literature, Discourses and the Power of Multicultural Dialogue, Arhipelag XXI Press, Tîrgu Mureș, 2017, p. 476 et s.

[25] C. Susanne, *Ecologie en Ethick*, Wetenschappen en Filozofie, Autwern, Belgium, 1994, p. 13-22.

Une partie de l'attrait du concept de développement durable découle du fait que pour les auteurs impliqués dans les débats sur l'environnement, il est difficile d'argumenter contre cette idée[26], car elle appelle à la responsabilité pour la dégradation de l'environnement à une échelle allant du local au mondial, et en plus, elle appelle à la solidarité entre les générations. Les deux cadres de référence territoriaux, global et temporel transgénérationnel, sont les aspects éthiques[27] les plus importants soulevés par le thème du développement durable, et ce sont eux qui confèrent le caractère imprécis du contenu du concept esquissé maintenant, aspect largement exploité par les représentants de l'industrie[28].

Que l'on examine les points forts ou les points faibles de ce nouveau concept, il est évident que les problèmes de croissance économique ne peuvent être dissociés des problèmes écologiques, car l'économie et l'écologie s'entremêlent de plus en plus - localement, nationalement et mondialement - à travers un réseau de causes et d'effets. La relation entre le développement et l'environnement est une relation entre le présent et le futur, car si le développement vise à satisfaire les besoins des générations présentes, la protection de l'environnement, par le biais du concept de développement durable, apparaît comme un investissement pour les générations

---

[26] G.Porter, J.W. Brown, *Global Environmental Politics*, 2 ed. Westview Press Inc. Boulder, Co, 1996; A. Vădineanu, C.Negrei, P. Lisievici, *op. cit.*, p. 184.

[27] Fr. Mancebo, *Le développement durable en question(s), Cybergeo,* European Journal of Geography, Epistémologie, Histoire de la Géographie, Didactique, http://journals.openedition.org/cybergeo/10913 - consulté le 10.01.2024.

[28] Sur l'*écosophie* (Oikos = maison, habitat, foyer; Sophia = sagesse) en tant que discipline sur la sagesse de la vie à la maison, ou en tant que sagesse des relations humaines en famille, avec les semblables, avec la nature, avec l'univers, avec soi-même, voir M. Duţu, *Ecosofia o paradigmă a supravieţuirii*, Revista 22, Editor Grupul pentru Dialog Social, 27 aprilie 2007, https://revista22.ro/supliment/ecosofia; F. Guattari, *Les trois écologies*, Édition Galilée, Paris, 1989, https://monoskop.org/images/8/8a/Guattari_Felix_Les_trois_ecologies.pdf - consultés le 10.01.2024.

futures[29]. Lorsque nous examinons les points forts ou les faiblesses de ce nouveau concept, il est évident que les problèmes de croissance économique ne peuvent être dissociés des problèmes écologiques, car l'économie et l'écologie s'entremêlent de plus en plus - localement, nationalement et mondialement - à travers un réseau de causes et d'effets. La relation développement-environnement est une relation entre le présent et le futur, car si le développement vise à satisfaire les besoins des générations actuelles, la protection de l'environnement, par le biais du concept de développement durable, apparaît comme un investissement pour les générations futures.[30]Cela conduit à la conception selon laquelle il faut réaliser une réconciliation entre l'homme, la nature et lui-même, car "la société doit être considérée comme une structure dans laquelle le tout est contenu dans chacune de ses parties, et les parties comme étant contenues dans le tout, la conscience étant l'apparence essentielle de l'univers et, en particulier, de l'univers social"[31]. Le professeur Gheorghe Dănişor affirme, à cet égard, qu'une telle vision est de nature à "mettre en évidence le fait que les facteurs (mental - spirituel, matériel, du subconscient, affectif - sentimental ou moral, et celui de la compréhension) doivent se comprendre mutuellement dans une réalité sociale supérieure, comme celle de la compréhension ou, ce qui revient au même, celle d'être ensemble avec les autres, afin de faire apparaître le Bien existentiel social comme étant ce qui lie et conserve la réalité sociale"[32].

---

[29] Fr. Mancebo, *Des développements durables. Quel référentiel pour les politiques de développement durable en Europe ?, Cybergeo.* DOI: 10.4000/cybergeo.21987.

[30] D. Marinescu, *Tratat de dreptul mediului*, Ediția a II-a revăzută şi adăugită, Ed. Universul Juridic, Bucureşti, 2007, p.16.

[31] Gh. Dănişor, *Însingurare O filozofie despre istoria eşuată a umanității*, Ed. Universul Juridic, Bucureşti, Ed. Simbol, Craiova, 2019, p.277.

[32] Le professeur Gheorghe Dănişor parle du rôle unificateur du facteur de compréhension, mentionnant que "le mouvement écologique, partie du volontariat, est une manifestation de la justice dans le sens authentique de la vertu de faire à la fois dans la relation avec les autres et dans la relation avec la nature ; le mouvement volontariste est le signe que l'avenir de la compréhension commence à prendre place dans la conscience des gens et

Le développement durable a ses failles. Depuis le Rapport Brundtland, puis le Sommet de la Terre de 1992, le développement durable a acquis une visibilité sans précédent dans les médias, suivi d'une reconnaissance généralisée par de grandes organisations internationales - OCDE, OMC - l'Union européenne, et des organisations non gouvernementales. La réaction en chaîne à la suite de l'Agenda 21 et du Sommet sur le développement durable de 2002 à Johannesburg[33] a été que les gouvernements nationaux et les administrations locales se sont précipités pour embrasser ce concept devenu "à la mode"[34]. La conséquence de cette médiatisation intensive du concept a été sa vidange partielle de contenu par les contradictions entre ses différents sens, par le détournement de son sens originel, par la multiplication des discours moralisateurs, si bien que la réalisation d'un développement durable pour les écosystèmes, efficient en ressources, de qualité de vie élevée, durable à long terme, générateur d'une croissance économique riche en emplois et promouvant la cohésion sociale, est devenue une sorte d'inventaire à la Prévert.[35]

---

conduira à l'équilibrage des facteurs sociaux, ce qui éliminera la solitude de la raison et, par conséquent, la solitude." Gh. Dănişor, *op.cit.* p.279.

[33] Au sommet de la Terre de Rio de Janeiro en 1992, plusieurs conventions ont été adoptées concernant les changements climatiques, la réduction des émissions de méthane et de dioxyde de carbone, la biodiversité, la conservation des espèces et l'arrêt de la déforestation massive. En ce qui concerne l'Union européenne, le développement durable est devenu un objectif majeur seulement en 1997, après son inclusion dans le traité de Maastricht (1993). En 2001, lors du sommet de Göteborg, la Stratégie de développement durable de l'UE a été adoptée, à laquelle une dimension externe a été ajoutée à Barcelone en 2002. Voir aussi M. Duţu, *Politici publice de mediu*, Ed. Universul Juridic, Bucureşti, 2012, p. 18.

[34] G. Allaire, T. Dupeuble, *Des concepts aux indicateurs du développement durable: multidimensionnalité et responsabilisation*, Développement durable et territoires, Varia, 2004 – 2010, http://developpementdurable.revues.org/678– consulté le 10.01.2024.

[35]C'est-à-dire sans tête ni queue. Jacques Prévert (né le 4 février 1900 à Neuilly-sur-Seine, décédé le 11 avril 1977 à Omonville-la-Petite dans la Manche) est un poète français. Auteur de recueils de poésie, dont "Paroles" (1946), il est devenu un poète populaire en raison de son langage familier et de son jeu de mots. Parmi ses principaux jeux de mots figure le jeu de la procession, qui consiste en une description développée et une énumération

Si l'on part de sa définition la plus simple, qui implique la promotion d'un développement répondant aux besoins actuels de la société sans compromettre ceux des générations futures, le développement durable engendre trois contradictions difficiles à concilier : entre les intérêts des générations présentes et futures ; entre les priorités des pays industrialisés et ceux en développement ; entre la qualité de vie et la conservation des écosystèmes. De plus, le développement durable dépasse l'idée d'une gestion unique des ressources et des effets locaux de la pollution[36] et prend en compte la pollution transfrontalière[37], notamment la pollution globale, telle que les pluies acides, les émissions de gaz à effet de serre ou les gaz appauvrissant la couche d'ozone, ainsi que la pollution régionale, où les sources locales de pollution produisent des effets ailleurs, au-delà des frontières.

Ensuite, comme le mentionne la littérature spécialisée[38], les inégalités et les injustices susceptibles d'affecter les générations futures se manifestent déjà entre différents territoires et entre individus de différents territoires. Il est ainsi question de "durabilité importée"[39] s'opposant à la "durabilité exportée", où un territoire base sa durabilité sur le transfert des coûts vers

---

d'objets et/ou d'individus, illustré notamment dans le poème "Inventaire" (d'où l'expression "inventaire à la Prévert"). Fr. Mancebo, *op. cit. Le développement durable en question(s),* Cybergeo: European Journal of Geography; J.Elliot, *An Introduction to Sustainable Development*, Routledge, Londra, 2006, https://journals.openedition.org/cybergeo/10913# - consulté le 10.01.2024.

[36] F. Héran, B. Zuindeau, *Développement durable et territoires*, *Cahiers lillois d'économie et de sociologie*, n° 37/2001, L'Harmattan, Paris, p.102.

[37] K. G. Mäler, *International Environmental Problems, Oxford Review of Economic Policy*, vol. 6, n°1/1990, p. 80-108, Oxford, DOI: 10.1093/oxrep/6.1.80 - consulté le 10.01.2024.

[38] O. Godard, *Savoirs, risques globaux et developpement durable*, Cahier n° 2004-009, Ecole Polytechnique Centre national de la recherche scientifique, Paris, 2004, https://www.academia.edu/28377361/Savoirs_risques_globaux_et_d_veloppement_durable?auto=download – consulté le 10.01.2024.

[39] D. Pearce, A. Markandya, E. B. Barbier, *Blueprint for a Green Economy*, Earthscan Publication, Londra, 1989, ResearchGate – consulté le 10.01.2024.

d'autres territoires - par l'exportation de déchets[40] ou l'acquisition à bas prix des ressources naturelles d'autres pays. Apparemment, le territoire en question respecte les conditions du développement durable en répondant aux besoins de sa population, mais comme sa durabilité interne est réalisée aux dépens de sa durabilité externe, par l'exportation de ses déchets, il en résulte que la véritable durabilité n'existe que lorsque les conditions de la durabilité interne et externe sont remplies[41].

Ensuite, de nombreuses questions se posent quant à la possibilité d'articuler différents niveaux d'action, comme c'est le cas avec la déclinaison de l'Agenda 21 en Agenda 21 local[42], comme si les mêmes principes fonctionnaient de manière identique quel que soit l'échelon auquel ils sont transposés. Mais nous savons que le développement durable n'est pas fractal[43], de sorte que les contraintes qui peuvent avoir une valeur absolue à l'échelle mondiale, car il est question de "survie", peuvent acquérir une valeur relative à l'échelle locale

---

[40] Voir A. Lazăr, M. Duțu, E.G. Hosu, A. Duțu, *Apărarea mediului și a fondului forestier prin dreptul penal*, Ed. Academiei Române, Ed. Universul Juridic, București, 2016, p.5.

[41] Rapport de durabilité 2017 (données chiffrées 2015-2016, réalisations 2015-2017) Selon la méthode GRI-4 Avec les priorités de développement durable du SPF Economie et l'avis des parties prenantes Edité en juin 2018, Bruxelles,
https://economie.fgov.be/fr/publicaties/rapport-de-durabilite-2017 - consulté le 10.01.2024.

[42] En 1992, lors du Sommet Mondial de Rio de Janeiro - la Conférence des Nations Unies sur l'Environnement et le Développement - le concept de développement durable a été présenté aux présidents et aux gouvernements (120 pays) ainsi qu'un plan concret pour sa mise en œuvre, appelé "Agenda 21". L'"Agenda Local 21" a également été adopté pour permettre aux administrations locales du monde entier de définir le développement durable à moyen et long terme. Les principales lignes d'action comprennent la lutte contre la pauvreté et l'exclusion sociale, la production de biens et de services durables, et la protection de l'environnement.
www.mmediu.ro/beta/domenii/dezvoltare-durabila/agenda-locala-21/ - consulté le 10.01.2024.

[43] *FRACTÁL*, -Ă, *fractáli, -e,* s. m. et adj. Se dit d'une courbe ou d'une forme très irrégulière pour laquelle toute partie convenablement choisie devient de forme similaire à une autre plus grande ou plus petite lorsque la première est agrandie ou réduite à la taille de la seconde.*Dicționarul explicativ al limbii române* (ediția a II-a revăzută și adăugită), 2009.

ou régionale. Si l'on considère la vie elle-même comme un flux, un circuit de ressources, de biens et de personnes, permettant à un territoire humain de ne pas être "fermé sur lui-même"[44], il n'a aucun sens d'appliquer à certains territoires des conceptions qui ne leur sont ni propres ni adaptées, ni d'imposer de manière uniforme la définition des problèmes et la présentation des solutions[45].

En outre, étant donné que les ressources et la "nature" varient dans le temps, est-il suffisant de seulement se soucier des générations futures comme guide des activités productives à un moment donné, afin qu'elles deviennent moins dommageables pour l'environnement[46]? Et, en fait, de quelles générations futures parlons-nous? Est-il sûr qu'une personne, un acteur politique, pensera plutôt à ses propres générations futures, à celles qui lui sont proches sur le plan social et culturel[47], qu'à l'humanité dans son ensemble, qui lui semble très vague? Et, dans le même ordre d'idées, quel est l'horizon temporel constituant le "futur" qui intéresse l'acteur politique[48], car il peut y avoir de fortes différences entre les différentes régions du monde ; le futur perçu n'est pas le même en fonction d'une espérance de vie de quarante ans ou de quatre-vingts ans,

---

[44] T. Doyle, *Sustainable Development and Agenda 21: The Secular Bible of Global Free Markets*, *Third World Quarterly*, Vol. 19 (4)/1998, p. 771-786, Routledge, Londra.

[45] M. Jollivet, (dir.), *Sciences de la nature, sciences de la société - Les passeurs de frontières*, CNRS-Editions, Paris, 1992, p. 589; M. Jollivet, *Le développement durable, de l'utopie au concept, De nouveaux chantiers pour la recherche*, Coll. Environnement/NSS, Elsevier, Paris, 2001, p. 288.

[46] F. Mancebo, *Une succession sous bénéfice d'inventaire*, *L'après-développement durable*, Ellipses, Paris, 2008, pp.23-32, https://www.researchgate.net/publication/281877625_Une_succession_sous_benefice_d'inventaire – consulté le 10.01.2024.

[47] F. Mancebo, *Du risque "naturel" à la catastrophe urbaine: Katrina,* Vertigo - La revue Electronique en Sciences de l'Environnement, vol. 7, n° 1/2006, UQAM, Montréal, http://www.vertigo.uqam.ca/vol7no1/art2vol7no1/vertigovol7no1_mancebo.pdf - consulté le 10.01.2024.

[48] F. Héran, B. Zuindeau, *Développement durable et territoires*, Cahiers lillois d'économie et de sociologie, n° 37/2001, L'Harmattan, Paris.

dans le cas où les besoins alimentaires et sanitaires sont satisfaits[49].

En fin de compte, les décisions concernant l'exploitation des ressources, dans le contexte du développement durable, une fois définies, sont soumises à l'application du principe de précaution, au sujet duquel la Déclaration finale du Sommet de Rio affirmait qu'il est nécessaire de "limiter, contrôler ou prévenir certaines actions potentiellement dangereuses sans attendre que ce danger soit établi avec certitude sur le plan scientifique"[50]. Selon ce principe, il est préférable de s'abstenir d'une action lorsque les conséquences d'une telle action peuvent être significatives et irréversibles, même si elles sont difficiles à prévoir en raison de l'incertitude scientifique ou du manque d'informations[51].

c. Les limites de la croissance et les modèles globaux[52]

Depuis toujours, l'avenir a été un domaine fascinant pour les humains, abordé soit avec crainte, soit avec espoir, mais toujours avec intérêt. En fait, chaque action humaine est basée sur ou orientée vers l'avenir, chacun de nous agissant en vue d'une réalisation future. Cette question de l'avenir, surtout à grande échelle, qu'il s'agisse de celui d'une nation ou de l'humanité, a préoccupé de nombreuses personnes éclairées qui l'ont abordée sous différents angles. Certains ont relégué les préoccupations concernant l'avenir dans un domaine souvent appelé de manière péjorative "utopie"[53], comme les œuvres

---

[49] S. Brunel, *Le développement durable*, Que sais-je? PUF, Paris, 2004, p.98.

[50] https://www.eea.europa.eu/ro/semnale/semnale-de-mediu-2012/articole/calea-spre-o-durabilitate-globala - consulté le 10.01.2024.

[51] A. Thomasset, *De la prudence à la précaution, Vers une éthique du risque,* C.E.R.A.S, Revue Projet, 2006/4 n° 293, p. 75 - 82, https://www.cairn.info/revue-projet-2006-4-page-75.htm; (99+) De la prudence à la précaution. Vers une éthique du risque | Alain Thomasset - Academia.edu - consulté le 10.01.2024.

[52] M. Bleahu, *Privește înapoi cu mânie...Privește înainte cu spaimă Valențele ecologiei politice*, Ed. Economică, București, 2001, p. 29.

[53] "L'utopie est un thème littéraire abordé depuis les temps les plus anciens par des écrivains de diverses cultures. Un espace utopique est un espace idéal, un espace de bonheur et d'abondance, mais c'est un espace inexistant. Beaucoup

scientifiques (H.G. Wells[54]) ou politiques, de Thomas Morus (Utopia[55], 1515), Tommaso Campanella (La cité du soleil[56], 1602), Francis Bacon (La Nouvelle Atlantide[57], 1627), aux

---

de ces utopies ont été écrites en réaction aux contraintes sociales existantes à un moment donné de l'histoire ; ainsi, Thomas More, humaniste anglais, est celui qui donne un nom à ces créations fantastiques - en combinant l'adverbe de négation "ou", qui en grec signifie "non", et le substantif "topos" qui signifie "lieu", il obtient le mot "utopie" dont la signification est celle d'un lieu inexistant." M.M. Ionescu, *Utopie versus distopie,* (99+) Utopie versus distopie | Mirela Mădălina Ionescu - Academia.edu - consulté le 10.01.2024.

[54] Herbert George Wells (né le 21 septembre 1866 à Bromley, Kent - décédé le 13 août 1946 à Londres), mieux connu sous le nom de H.G. Wells, était un écrivain anglais célèbre pour ses œuvres de fiction. Il a également publié des nouvelles, des ouvrages historiques et des commentaires sociaux. Il était un socialiste déclaré et un pacifiste, ses œuvres ultérieures devenant de plus en plus politiques et didactiques. Tant Wells que Jules Verne sont reconnus comme les "pères de la science-fiction". Son idéal politique était un Gouvernement mondial, et dans son autobiographie, il a affirmé qu'à partir de 1900, il considérait sa création comme inévitable. Il a imaginé ce nouvel État sous la forme d'une société planifiée qui promouvrait la science, mettrait fin au nationalisme et permettrait aux individus de progresser sur la base du mérite plutôt que du droit de naissance. En 1940, Wells a publié un livre intitulé Le nouvel ordre mondial qui esquisse son plan pour la constitution d'un gouvernement mondial. Ph. Coupland, *H. G. Wells's "Liberal Fascism"*, Journal of Contemporary History, 2000, nr. 35 (4), p. 549.

[55] Th. Morus, *Utopia,* Ed. Ştiinţifică, Bucureşti, 1958.

[56] T. Campanela, *Cetatea Soarelui*, Ed. Ştiinţifică, Bucureşti, 1959, pp.10. Cette œuvre est l'une des utopies les plus importantes, étant la première du genre dans laquelle l'esclavage n'existe pas. En bref, il s'agit du dialogue poétique entre un navigateur génois, barreur de Colomb, qui raconte à un chevalier johannite l'histoire d'une cité située sur une île, connue sous le nom de "Cité du Soleil". Dans cette petite organisation sociale, il n'y a pas de propriété privée, et les habitants de la cité, appelés les Solariens, sont en bonne santé, heureux et honnêtes. N. Oprea, *Utopii şi distopii literare (schiţă comparativă),* Viaţa Românească, Nr. 1-2 / 2012.

[57] La Nouvelle Atlantide (en anglais New Atlantis) est un roman inachevé de Francis Bacon, publié à titre posthume en 1626. Le livre présente le plan d'une société de savants, dans laquelle les producteurs de connaissance diffusent vers la société l'éducation, la médecine et la technologie ; en fait, ce qui commence assez conventionnellement comme un récit de voyage - un genre très en vogue dans la première moitié du XVIIe siècle - se transforme après les premières pages en la description d'une société heureuse, gouvernée par un collège de savants invisible mais tout-puissant, la Maison de Salomon, composé de sages qui semblent cumuler les rôles d'organe juridique, d'église d'État et d'institut de recherche. Ce qui semble se développer ensuite comme

œuvres de l'époque des Lumières (Morelly[58], Diderot[59]), jusqu'aux œuvres modernes anticonformistes (A. Huxley[60],

---

un écrit utopique se transforme assez rapidement en une étrange description de procédures "scientifiques" et de détails sur l'organisation, le fonctionnement et la hiérarchie de la Maison de Salomon, une institution de connaissance et de pouvoir ; une institution qui collecte, organise et glorifie la découverte des secrets de la nature. F. Bacon, *Noua Atlantidă*, traducere, aparat critic, studiu introductiv de Dana Jalobeanu, Ed. Nemira, Bucureşti, 2007, (99+) Francis Bacon Noua Atlantidă | Iuliana Catalina - Academia.edu - consulté le 10.01.2024.

58 Étienne-Gabriel Morelly (1717–1778) était un penseur, philosophe et romancier utopique français. Il a écrit le Code de la Nature, dont nous extrayons : "... Là où il n'y a pas de propriété, aucune de ses conséquences néfastes ne pourrait exister. Rien dans la société n'appartiendra à personne, ni en tant que possession personnelle, ni en tant que biens de capital, à l'exception des choses pour lesquelles la personne a un usage immédiat, soit pour ses besoins, soit pour ses plaisirs, soit pour son travail quotidien. Tous les biens durables seront rassemblés dans les magasins publics pour être distribués à tous les citoyens, quotidiennement ou à un autre intervalle spécifié". Comme Morelly croyait que presque tous les maux sociaux et moraux étaient une conséquence de la propriété privée, la constitution qu'il proposait élimine la plupart de la propriété privée et, par conséquent, Morelly est souvent considéré comme un précurseur significatif des penseurs socialistes et communistes ultérieurs. M. Sonenscher, *Sans-Culottes: O emblemă a secolului al XVIII-lea în revoluția franceză*, Princeton University Press, 2008, p.229. Étienne-Gabriel Morelly - Wikipedia - consulté le 10.01.2024.

59 Grand philosophe des Lumières, Denis Diderot est resté, par-dessus tout, dans la postérité à travers l'Encyclopédie, sur laquelle il a travaillé sans relâche pendant plus de 20 ans, car il était convaincu que seule l'érudition pouvait faire triompher la raison et ainsi faire progresser le monde. Le Supplément au voyage de Bougainville (1772) contient un ensemble de dialogues philosophiques écrits par Denis Diderot, inspirés du Voyage autour du monde de Louis Antoine de Bougainville, dans lesquels Diderot présente les descriptions de Bougainville sur Tahiti comme une utopie, en contraste avec la culture européenne. C. McDonald, *The Reading and Writing of Utopia in Denis Diderot's „Supplement au voyage de Bougainville"*, Fiction Studies, 3(3), p. 248-254, 1976. Denis Diderot - Wikipedia - consulté le 10.01.2024.

60 Aldous Leonard Huxley (né le 26 juillet 1894 - décédé le 22 novembre 1963) était un écrivain et philosophe anglais. Il a écrit 50 livres, dont des romans, des œuvres de non-fiction, des essais, des récits et de la poésie. Dans "Le Meilleur des mondes" (Brave New World en anglais), l'auteur présente un système totalitaire évolué, motivé par le désir de stabilité, qui s'impose par la manipulation, depuis la fécondation artificielle (car le mot "mère" suscite l'horreur, rappelant un mammifère lointain qui allaitait ses bébés, leur chantait des berceuses et les caressait avec amour, et la société vivipare n'est qu'un

Orwell[61])[62]. Si les marxistes considèrent que le matérialisme historique - le seul capable de fonder une vision véridique de l'avenir - est la voie par laquelle l'utopie est devenue scientifique[63], des penseurs comme K. Popper[64] ou A.

---

souvenir déplaisant), jusqu'à la conditionnement de l'embryon et du fœtus par l'alimentation et les stimuli, jusqu'au contrôle des adultes exercé par des "ingénieurs émotionnels" qui conditionnent leurs réflexes et déterminent une attitude souhaitée. Dans ce monde, même Dieu est interdit car il a été remplacé avec succès par le grand et bon Ford, qui, contrairement à Dieu, satisfait vos désirs sans hésitation. R. H. Reiff, *Aldous Huxley: Minunata lume nouă*, Corporația Marshall Cavendish, 2010, p. 7. Aldous Huxley - Wikipedia; (99+) Aldous Huxley-Minunata lume noua | Gabriel Claudiu Mursa - Academia.edu – consultés le 10.01.2024.

[61] George Orwell (pseudonyme littéraire et journalistique d'Eric Arthur Blair) (né le 25 juin 1903 à Motihari, village de Bihar, en Inde britannique, décédé le 21 janvier 1950 à Londres, Royaume-Uni) était un romancier, essayiste, nouvelliste, critique littéraire et journaliste britannique, commentateur à la BBC, éditorialiste et reporter. Publié en 1949, le livre "1984" était une méditation sur le destin de la tyrannie dans le futur et a eu un effet très puissant, de sorte que de nombreuses expressions et mots sont entrés dans le langage courant (par exemple, "Big Brother", doublethink, police de la pensée, Soceng. "Big Brother" est devenu une figure métaphorique du régime policier et totalitaire, ainsi que de la réduction des libertés. "Big Brother te surveille" est un symbole du contrôle excessif, et l'adjectif "orwellien" est utilisé pour décrire les actions et les organisations d'un système totalitaire avancé). La Police de la Pensée est une autre institution spécialisée de surveillance, cachée et beaucoup plus redoutée. Les valeurs sont renversées : "La guerre, c'est la paix, la liberté c'est l'esclavage, l'ignorance c'est la force", de sorte que les esprits des gens sont conditionnés par des slogans destinés à justifier le comportement et les décisions du parti. M. M. Ionescu, *op. cit. Utopie versus distopie.*

[62] M. Bleahu, *Privește înapoi cu mânie...Privește înainte cu spaimă Valențele ecologiei politice*, Ed. Economică, București, 2001, p. 29.

[63] F. Engels, *Principiile comunismului*, în Marx, Engels, *Opere, vol. 4*, Ed. Politică, București, 1963, p. 363, cité par N. Popa, I. Dogaru, Gh.Dănișor, D. C. Dănișor, *Filosofia dreptului Marile curente Ediția a 3-a,* Ed. C.H. Beck București, 2010, p. 419.

[64] Sir Karl Raimund Popper (né le 28 juillet 1902 à Vienne, Autriche-Hongrie - décédé le 17 septembre 1994 à Greater London, Angleterre, Royaume-Uni) était un philosophe anglais d'origine autrichienne, considéré comme l'un des plus grands philosophes des sciences du XXe siècle, qui a soutenu l'idée d'une société ouverte (Open Society) et a été un adversaire implacable du totalitarisme sous toutes ses formes. Karl Popper - Wikipedia - consulté le 11.01.2024.

Toynbee[65] voient dans l'utopie rien de plus qu'un moyen de transformer la société en une société tyrannique, autoritaire, qui "sacrifie le présent pour les splendeurs de l'avenir". De plus, K.R. Popper se demande : "est-il du pouvoir d'une quelconque science sociale de faire des prophéties historiques d'une telle ampleur ? Pouvons-nous nous attendre à obtenir autre chose qu'une prophétie irresponsable de devin si nous demandons à quelqu'un ce que l'avenir réserve à l'humanité ?"[66] Mario Bunge[67] est tout aussi critique, estimant que nous ne pouvons avoir de connaissances sur l'avenir, car la connaissance implique nécessairement des faits accomplis, et donc, nous ne pouvons que faire des hypothèses sur l'avenir, d'où le rejet catégorique de toute possible science de l'avenir[68].

Au-delà des spéculations des philosophes, nous devons constater l'évidence selon laquelle, dans la vie quotidienne, nous ne pouvons nous dispenser de prédire l'avenir. L'idée même que dans le domaine socio-économique, nous travaillons avec des projections, des prévisions, des plans, des programmes, des modèles, des simulations, montre la nécessité de travailler avec un horizon temporel futur[69]. Les scientifiques ont intuitivement compris ce fait, c'est pourquoi ils ont développé toute une méthodologie de la prédiction, et déjà en

---

65 Arnold Joseph Toynbee (né le 14 avril 1889 - décédé le 22 octobre 1975) était un historien anglais, philosophe de l'histoire, auteur de nombreux livres et professeur d'histoire internationale à la London School of Economics et au King's College de Londres. De 1918 à 1950, Toynbee a été considéré comme un spécialiste de premier plan des affaires internationales et il est surtout connu pour ses 12 volumes de son ouvrage "A Study of History" (1934-1961). Arnold J. Toynbee - Wikipedia. A. J. Toynbee, *A Study of History*, Abridgement of Volumes I-VI, by D. C. Somervell, New York: Oxford University Press, 1947, p. 11 - consulté le 11.01.2024.

66 K.R. Popper, *Societatea deschisă şi duşmanii ei*, Ed. Humanitas, Bucureşti, 1993, p. 15, cité par N. Popa, I. Dogaru, Gh.Dănişor, D. C. Dănişor, *Filosofia dreptului Marile curente Ediţia a 3-a,* Ed. C.H. Beck Bucureşti, 2010, p. 302.

67 *Mario Augusto Bunge*, (21 septembrie 1919 – 24 februarie 2020) a fost un filosof şi fizician argentinian-canadian. Mario Bunge - Wikipedia - consulté le 11.01.2024. M. A. Bunge, *Tratat de filosofie. Vol. IV, Ontologie 2: O lume a sistemelor,* Gedisa, Barcelona, 2012.

68 M. Bunge, *Analogy in Quantum Mechanics: From Insight to Nonsense*, The British Journal for Philosophy of Science 18, 1967, p. 265-286.

69 A. Apostol, *Viitorul*, Ed. Ştiinţifică şi Enciclopedică, Bucureşti, 1977.

1970, il y avait environ 300 méthodes ; la véracité des prédictions est une question qui ne sera résolue que par la comparaison avec la réalité après un certain laps de temps.

Tous les penseurs qui ont scruté l'avenir ont envisagé l'idée que la société ne peut pas se développer indéfiniment et qu'il faut trouver un modèle d'évolution sans croissance notable. Si Platon[70] et Aristote[71], dans leurs travaux, évoquent cette idée, celui qui fait une véritable théorie sur ce sujet est Thomas Malthus[72], qui, dans son livre de 1798 intitulé An Essay on the Principle of Population, observe qu'une augmentation de la production alimentaire d'une nation a amélioré le bien-être de la population, mais cette amélioration a été temporaire, car elle a entraîné une augmentation de la population, qui, à son tour, a ramené le niveau initial de production par habitant. En d'autres termes, les gens ont eu tendance à utiliser l'abondance pour augmenter la population, plutôt que de maintenir un niveau de vie élevé, une vision devenue connue sous le nom de "piège malthusien" ou "spectre malthusien". Les populations ont eu tendance à croître jusqu'à ce que la classe inférieure souffre de difficultés, de privations et d'une plus grande susceptibilité aux guerres, à la famine et aux maladies ; cette vision pessimiste est parfois mentionnée comme une catastrophe malthusienne. Nous notons que l'écrit de Malthus est en opposition avec la vision populaire en Europe au 18e siècle, qui considérait la société comme améliorée et, en principe, perfectible.[73]

---

[70] "Si dans l'État idéal, il n'y a pas besoin de loi car la loi est inscrite dans l'âme de chacun, il y aura cependant besoin d'une norme dans ce second État, où il n'y a plus de philosophes parfaits à la barre, et il faudra un frein impersonnel, égal pour tous, pour contenir et empêcher les abus, l'excès, la violence et l'injustice auxquels, par leur nature, ceux appelés à diriger une société sont malheureusement si souvent enclins." E. Bezdechi, *Introducere la Legile de Platon*, Ed. IRI, Bucureşti, 1995, p. 12; J. Chanteur, *La loi chez Platon*, in Archives de philosophie du droit, tome 25, 1980, p. 141.

[71] Aristotel, *Politica*, Ed. Antet, Bucureşti, 1996; D.C. Dănişor, *Drept constituţional şi instituţii politice*, Ed. Ştiinţifică, Bucureşti, 1997; R. Aron, *Introducere în filosofia istoriei*, Ed. Humanitas, Bucureşti, 1997, p. 83.

[72] Thomas Robert Malthus (né le 13/14 février 1766 - décédé le 29 décembre 1834) était un économiste, ecclésiastique et érudit anglais. Thomas Robert Malthus - Wikipedia - consulté le 11.01.2024.

[73] Malthus a soutenu que deux types de contrôles maintiennent la population dans les limites des ressources : les contrôles positifs (maladies et guerre), qui

En 1969, quelques scientifiques et intellectuels, des politiciens, des économistes, des industriels et des hauts fonctionnaires internationaux ont fondé le Club de Rome[74], constitué en tant que groupe libre à but non lucratif, ayant pour objectif d'initier des projets visant à examiner certains des plus grands problèmes auxquels sont confrontés les habitants de tous les pays, à savoir : l'existence de la pauvreté au milieu de la richesse, la dégradation de l'environnement, la perte de confiance dans les institutions, le développement urbain non contrôlé, l'insécurité de l'emploi, l'aliénation des jeunes, le rejet des valeurs traditionnelles, l'inflation, etc.

Le premier projet du Club a consisté en l'élaboration d'une étude sur les perspectives de développement de l'humanité. À cette fin, en 1970, le professeur américain Jay Forrester[75], découvreur de la méthode de simulation informatique cybernétique, a été invité à une conférence. On lui a confié la tâche de suivre, à l'aide de sa méthode, les perspectives de développement de l'humanité sur la base de cinq éléments : la croissance démographique, les besoins alimentaires, l'industrialisation, la pollution et la diminution des réserves de matières premières. Forrester, en utilisant un ensemble limité de données et un grand nombre de corrélations, a créé un premier

---

augmentent le taux de mortalité ; et les contrôles préventifs (contrôle des naissances, report du mariage et célibat), qui réduisent la natalité. Malthus a écrit que dans une période d'abondance de ressources, une population pourrait doubler en 25 ans, ou plus précisément, l'observation de Malthus est que les populations ont tendance à croître de manière géométrique (2, 4, 8, 16 ...), tandis que les réserves alimentaires augmentent arithmétiquement (2, 3, 4, 5 ...), ce qui entraîne une compétition pour des ressources limitées et un succès reproductif différentiel, moteur de l'évolution. W. Petersen, *Malthus: fondatorul demografiei moderne*, Harvard University Press, Cambridge, Massachusetts, p. 19.

[74] Le Club de Rome est une organisation de type groupe de réflexion (think tank) et un nom symbolique pour une organisation dont le but est de porter à l'attention du monde entier divers aspects liés à l'avenir de la planète. Clubul de la Roma - Wikipedia - consulté le 11.01.2024.

[75] Jay Wright Forrester (né le 14 juillet 1918 - décédé le 16 novembre 2016) était un ingénieur informaticien américain qui a passé toute sa carrière au Massachusetts Institute of Technology. Jay Wright Forrester - Wikipedia - consulté le 11.01.2024.

modèle simple, qui a ensuite été développé et présenté, en 1971, au Club, sous une forme plus complexe.[76]

Le problème a ensuite été étudié par un groupe de chercheurs de l'Université du Massachusetts, dirigé par Dennis Meadows[77], toujours à la demande du Club de Rome et avec le soutien financier de la Fondation Volkswagen. Sur la base d'un ensemble de données beaucoup plus large, avec un nombre accru d'équations et de corrélations, le modèle World 2 a été élaboré. Il a été inclus dans le livre "Limits to Growth"[78] (Les limites de la croissance), qui a suscité beaucoup d'attention. Traduit en 16 langues, il a été commenté, immédiatement accepté ou vivement combattu, ayant le don d'ouvrir une véritable boîte de Pandore, à savoir celle de l'analyse globale lucide, et, autant que possible, quantifiée, du destin de l'humanité, vu comme particulièrement tragique[79].

L'idée fondamentale des Limites de la croissance est simple et c'est précisément pour cette raison qu'elle attire fortement : sur une planète finie, une croissance infinie est impossible[80].

---

[76] M. Bleahu, *Privește înapoi cu mânie...Privește înainte cu spaimă Valențele ecologiei politice*, Ed. Economică, București, 2001, p. 30.

[77] Dennis Lynn Meadows (né le 7 juin 1942) est un scientifique américain et professeur émérite en gestion des systèmes, ancien directeur de l'Institut de recherche en politique et sciences sociales de l'Université du New Hampshire. Il est largement connu en tant que coauteur du livre "Les limites de la croissance" *The Limits to Growth.* Dennis Meadows - Wikipedia - consulté le 11.01.2024.

[78] D.H. Meadows, D. L., Meadows, J, Randers, W.W. Behrens, *The Limits to Growth*, Universe Books, New York, 1972; D. L. Meadows, W.W. Behrens, D.H. Meadows, R.F. Naill, J. Randers, E. K. O. Zahn, *Dynamics of Growth in a Finite World*, Wright-Allen Press, Massachusetts, 1974, Wayback Machine (archive.org) - consulté le 11.01.2024.

[79] M. Bleahu, *Privește înapoi cu mânie...Privește înainte cu spaimă Valențele ecologiei politice*, Ed. Economică, București, 2001, p. 30.

[80] La thèse de base du modèle "Limits to Growth" se divise en trois thèmes majeurs : (1) De nombreuses variables critiques de notre société mondiale - en particulier la population et la production industrielle - ont augmenté à un rythme constant en pourcentage, de sorte que jusqu'à présent, la croissance absolue chaque année est extrêmement élevée. (2) Cependant, les ressources physiques - en particulier les terres cultivables et les minéraux non renouvelables - et la capacité de la terre à "absorber" la pollution sont limitées. (3) Comme le progrès technologique ne peut pas étendre toutes les ressources physiques indéfiniment, il serait préférable d'établir des limites conscientes à

Cela confère un caractère d'urgence effrayant à cette notion, soutenant que les limites de la croissance sont déjà atteintes et que l'humanité est vouée à une catastrophe dans les 100 prochaines années si cette croissance n'est pas immédiatement stoppée[81].

Parmi les critiques adressées au livre, on compte celle selon laquelle le monde réel est politiquement divisé en un certain nombre d'États nationaux et économiquement en pays développés et en développement ; par conséquent, tous les États ne se comportent pas de la même manière, et ne sont pas tous affectés de la même manière. Ainsi, si les ressources naturelles sont progressivement épuisées, cela peut en augmenter le prix et peut apporter des avantages aux pays producteurs, qui se trouvent principalement dans les pays en développement ; le transfert de ressources des nations riches aux nations pauvres dans une telle situation pourrait modifier le modèle général des taux de croissance. De tels mécanismes naturels de contrôle et d'équilibre apparaissent dans le monde réel, mais ne sont pas autorisés dans le modèle présenté dans le livre "Limits to Growth", qui ne va que dans une seule direction - vers la catastrophe imminente. C'est pourquoi on dit que "avant d'arriver à toute conclusion utile ou pertinente, une condition minimale est de construire au moins un modèle "à deux mondes", en distinguant le monde développé de celui en développement ; sans un degré plus élevé de distinction, il y a un grand danger que le modèle devienne une caricature du monde réel, plutôt qu'une simple abstraction"[82]. La faiblesse

---

notre croissance future plutôt que de laisser la nature les établir pour nous d'une manière catastrophique. D.H. Meadows, D. L., Meadows, J, Randers, W.W. Behrens, *The Limits to Growth*, Universe Books, New York, 1972.

[81] M. ul Haq, *The Limits to Growth: A critique*, The Limits to Growth: A Critique in: Finance & Development Volume 9 Issue 004 (1972) (imf.org) - consulté le 11.01.2024.

[82] "L'humanité est confrontée à ces problèmes un par un, chaque année, à chaque ère, et continue à faire ses ajustements silencieux. Elle ne continue pas à les accumuler indéfiniment jusqu'à ce qu'ils provoquent une catastrophe inévitable. L'une des parties les plus curieuses du modèle est le traitement du rôle de la technologie ; dans une ère de progrès technologique le plus spectaculaire, les auteurs soutiennent qu'il ne peut y avoir de poursuite d'un tel progrès rapide à l'avenir. Et c'est juste une hypothèse, pas une thèse prouvée.

fondamentale de la thèse "Limits to Growth" n'est pas tant son caractère alarmiste que le fait qu'elle semble être traversée par une complaisance en soi ; en d'autres termes, la thèse est alarmiste quant aux limites physiques qui peuvent être repoussées, en pratique, par le progrès technologique continu, mais elle est complaisante quant aux problèmes sociaux et politiques que ses propres prescriptions ne feraient qu'exacerber. En fait, ces problèmes sont probablement les obstacles les plus sérieux à l'utilisation des ressources de la Terre par toute sa population ; si les pays industrialisés peuvent accepter une cible de croissance zéro comme un régime désagréable mais peut-être moral pour leurs propres citoyens, pour les pays en développement, une croissance zéro[83] n'offre qu'une perspective de désespoir, et la redistribution des revenus mondiaux n'est qu'un rêve nostalgique[84].

Nous notons que le premier modèle d'évolution mondiale (modèle Meadows 1972) a été élaboré sur des bases quantitatives rigoureuses et que les données relatives à cinq

---

Le modèle suppose que certaines choses dans ce monde - la population, le stock de capital, la pollution - augmenteront à des taux exponentiels ; mais il suppose que certaines autres choses - en particulier la technologie pour élargir la base des ressources et lutter contre la pollution - n'augmenteront pas exponentiellement."

[83] La croissance économique représente la variation positive de la production de biens et de services dans une économie sur une période déterminée, généralement longue ; l'indicateur le plus utilisé pour mesurer la croissance est le produit intérieur brut (PIB). Une croissance économique nulle est une situation où les résultats économiques agrégés et la population d'un pays augmentent au même rythme, le niveau par habitant des indicateurs macroéconomiques synthétiques restant constant ; le concept est créé par le M.I.T. et popularisé par le Club de Rome à travers l'ouvrage "Les limites de la croissance" - le premier rapport du Club de Rome à l'humanité. La croissance économique zéro suppose de créer une situation de stabilité écologique et économique qui pourrait être maintenue sur une période future prolongée, en mettant un frein aux spirales de croissance démographique et économique mondiales, tout en aidant les pays en développement dans leurs efforts pour combler les grands écarts économiques et socio-humains par rapport aux pays développés. CREŞTERE ECONOMICĂ ZERO - CursDeGuvernare.ro - consulté le 11.01.2024.

[84] M. ul Haq, *The Limits to Growth: A critique*, 1972, The Limits to Growth: A Critique in: Finance & Development Volume 9 Issue 004 (1972) (imf.org) - consulté le 11.01.2024.

facteurs considérés comme déterminants pour l'évolution de la société ont constitué le point de départ : la population (analysée comme le nombre de personnes vivantes chaque année, montrant une croissance exponentielle au fil du temps), l'alimentation (produite annuellement dans le monde et répartie en moyenne par habitant - avec une population en croissance exponentielle, l'alimentation doit connaître une telle croissance[85]), l'industrialisation (quantifiée par le total des produits fabriqués dans le monde en une année et exprimée en valeur équivalente en dollars par habitant - et celle-ci connaît une croissance ascendante pour répondre aux besoins d'une population en croissance), les ressources (les matières premières non renouvelables sur la planète, à savoir les métaux et les combustibles fossiles, indispensables à la civilisation, mais qui se trouvent en quantités limitées et s'épuisent à mesure de leur extraction et de leur utilisation ; avec une industrialisation en croissance exponentielle, les ressources diminuent également de façon exponentielle), la pollution (c'est-à-dire le total des substances et des matériaux résultant des processus naturels et anthropiques qui ne sont plus utiles, que ce soit des émissions de gaz, des eaux polluées ou des déchets solides - et celle-ci est en croissance exponentielle, parallèlement à la croissance de la population et de l'industrialisation).

Le modèle WIM (World Integrated Model - 1974) a été la deuxième tentative d'analyser mathématiquement l'avenir de l'humanité, et, en même temps, le deuxième Rapport au Club de Rome. Réalisé par les cybernéticiens Mesarovič[86] et Pestel[87], il

---

[85] M. Bleahu, op. cit. *Privește înapoi cu mânie...Privește înainte cu spaimă Valențele ecologiei politice*, p. 30.

[86] Mihajlo D. Mesarović (né le 2 juillet 1928) est un scientifique serbe, professeur d'ingénierie des systèmes et de mathématiques à l'Université Case Western Reserve. Mesarović a été un pionnier dans le domaine de la théorie des systèmes, conseiller scientifique de l'UNESCO pour les changements mondiaux et membre du Club de Rome. M. D. Mesarovič, D. L. McGinnis, D. A. West, *Cybernetics of Global Change: Human Dimension and Managing of Complexity*, Cybernetics of global change: human dimension and managing of complexity - UNESCO Digital Library; Mihajlo D. Mesarovic - Wikipedia. – consultés le 11.01.2024.

part du principe que le modèle Meadows n'a pas pris en compte le fait que l'humanité est différenciée en structures économiques et sociales différentes, dépendantes de la position géographique, ce qui signifie d'autres conditions naturelles sur la base desquelles la société s'est développée de manière différente. Par conséquent, les auteurs distinguent dix régions (1. Amérique du Nord, 2. Europe occidentale, 3. Japon, 4. Australie, Afrique du Sud et le reste des pays développés à économie de marché, 5. Europe de l'Est et Union soviétique, 6. Amérique latine, 7. Afrique du Nord, 8. Afrique tropicale, 9. Asie du Sud et du Sud-Est et 10. Chine[88]) séparées par le type d'organisation socio-économique, le niveau de vie, le système politique, le niveau de développement, la similitude des problèmes auxquels elles sont confrontées, les traditions historiques et la culture. De plus, le deuxième élément de nouveauté apporté par les auteurs est le traitement du matériau sur plusieurs niveaux (couches) qui comprennent tous les processus et états possibles pouvant influencer le cours de la société ; ces couches sont : 1. la couche environnementale (comprenant les facteurs naturels, physiques et biologiques), 2. la couche technologique (incluant toutes les activités humaines, de l'agriculture aux communications par satellite, et impliquant un transfert d'énergie), 3. la couche démo-économique (incluant les systèmes "comptables", c'est-à-dire ceux qui enregistrent les processus démographiques et économiques), 4. le système individuel (qui reflète la structure interne, psychologique et biologique de l'homme, avec laquelle il interagit). Selon les auteurs, un modèle est "un ensemble cohérent et systématique de descriptions des relations impliquées, il représente une image des aspects pertinents de la réalité tels que nous les percevons" ; et un scénario est "une

---

[87] Eduard Kurt Christian Pestel (né le 29 mai 1914 à Hildesheim - décédé le 19 septembre 1988 à Hanovre) était un économiste, professeur de mécanique et homme politique allemand. Il a été co-auteur du rapport intitulé "Mankind at the Turning Point", le deuxième rapport au Club de Rome publié en 1974, qui a étendu et révisé les prédictions du livre "Les limites de la croissance". Eduard Pestel - Wikipedia - consulté le 11.01.2024.

[88] M. Mesarovič, E. Pestel, *Omenirea la răspântie, Al doilea raport către Clubul de la Roma*, Introduction de Mircea Malița, traduction de Florin Ionescu, Ed. Politică, București, 1975, p. XXI.

succession d'événements possibles et d'options sociopolitiques", ce qui signifie que l'évolution future des systèmes est analysée en fonction d'une série de scénarios. Par conséquent, en combinant le modèle mathématique sur ordinateur avec différents scénarios (alternatifs) en fonction des particularités des différents pays, le rapport fait la distinction entre la croissance économique anarchique (appelée par certains auteurs "cancéreuse"[89]) et la croissance économique organique (planifiée[90]).

En plus de cette régionalisation et en étroite relation avec elle, le modèle WIM apporte également une nouveauté : "la déglobalisation des problèmes et la tentative de régionalisation, car chaque région ayant d'autres problèmes, elles réclament d'autres solutions ; le recours à des conditions supplémentaires, beaucoup d'entre elles relevant du domaine social et culturel ; la considération du monde non pas comme un système dynamique global (comme dans le modèle Meadows) mais avec des niveaux hiérarchiques ordonnés verticalement, mais qui se chevauchent et s'influencent mutuellement ; l'insistance sur le fait que ce n'est pas la croissance en soi de certaines variables physiques, économiques, démographiques qui conduit aux crises, mais le caractère anarchique de leur croissance"[91].

Comme le rapport précédent, le rapport WIM n'est pas à l'abri de critiques, car on affirme que : 1. les auteurs parviennent à des conclusions vagues et sloganiques avec lesquelles ils pensent pouvoir sauver la planète[92] ; 2. les conclusions du

---

[89] N. Wiener, *Cibernetica*, Ed. Ştiinţifică, Bucureşti, 1966, p.50, citépar M. Bulgariu, *Trăim pe o planetă bolnavă*, *Disperare şi Speranţă*, Ed. Academiei Oamenilor de Ştiinţă din România, Bucureşti, 2011, C U P R I N S (aos.ro) - consulté le 11.01.2024.

[90] *Dicționar de economie, ediția a II-a*, Ed. Economică, București, 2001, p. 147, CONTINUTUL CRESTERII SI DEZVOLTARII ECONOMICE (scrigroup.com) - consulté le 11.01.2024.

[91] M. Bleahu, op. cit. *Privește înapoi cu mânie...Privește înainte cu spaimă Valențele ecologiei politice*, p. 50.

[92] Elles sont : 1. Une approche globale du problème ; 2. Une assistance dans les moyens de production, pas dans les biens de consommation pour les régions pauvres ; 3. Un développement économique équilibré pour toutes les régions ; 4. Une politique démographique efficace ; 5. La diversification de la production industrielle à l'échelle mondiale, conduisant à la création d'un

rapport ne nous aident pas à entrevoir de solution concrète aux crises qui surviennent ou s'aggravent, car les propositions des deux auteurs ne constituent pas un système prédictif, mais simplement un outil permettant de suivre les scénarios futurs[93] ; 3. un monde avec dix divisions, bien qu'il marque un progrès par rapport à l'hypothèse de travail de Meadows, est encore loin du monde réel où cent cinquante États, dont cent trente-huit membres de l'ONU, sur la base de leur indépendance et de leur souveraineté, décident de l'avenir ; 4. par rapport aux critères de classification que le travail s'est fixés, le placement de certains pays dans tel ou tel groupe semble arbitraire (le quatrième groupe semble complètement hétérogène, certains pays pouvant appartenir à d'autres groupes) ; 5. les auteurs manifestent une grande réserve à l'égard de la diversité qui caractérise fondamentalement la société humaine, bien qu'ils proclament la diversité comme souhaitable ; 6. la négligence du fait primordial des réalités spécifiques conduit à un traitement non différencié des problèmes et à des solutions inopérantes (comme c'est le cas dans le domaine démographique, où il existe une grande variété de situations) ; 7. les auteurs manifestent une grave incompréhension du caractère de la relation entre deux concepts de base : "l'interdépendance" et "l'indépendance" en ce sens que, selon eux, l'interdépendance, les échanges et les liens extérieurs impliqueraient nécessairement une diminution de l'indépendance ; 8. une simple adhésion à l'idée d'un nouvel ordre économique mondial n'est pas suffisante, à un moment où des positions totalement opposées s'affrontent autour de cette idée[94].

---

véritable système économique mondial ; 6. Seule une combinaison correcte de ces mesures peut apporter la solution, et l'omission de l'une d'entre elles conduira inévitablement au désastre. M. Bleahu, *op. cit. Privește înapoi cu mânie...Privește înainte cu spaimă Valențele ecologiei politice*, p. 49.

[93] Le système prédictif des deux auteurs, M. Mesarovič et E. Pestel, ne peut pas répondre à la question : qu'est-ce qui se passera en l'an 2010, mais il peut éventuellement répondre à la question : quelles seront les conséquences en l'an 2010 d'une certaine tendance ou action. *Idem.*

[94] M. Mesarovič, E. Pestel, *Omenirea la răspântie, Al doilea raport către Clubul de la Roma*, Introducion de Mircea Malița, traduction de Florin Ionescu, Ed. Politică, București, 1975, p. XXIII-XXVIII.

En 1976, le troisième rapport a été présenté au Club de Rome, notamment lors de la session spéciale du Club de Rome à Alger. Rédigé par un groupe de 21 experts de différents domaines d'activité et pays, qui s'étaient fixé pour objectif de trouver des solutions pour prévenir la crise mondiale prévue par les rapports précédents, le rapport porte l'acronyme RIO (qui représente non seulement l'objectif - remodeler l'ordre international - mais aussi le nom du livre - Reshaping the International Order[95]) et inclut les conclusions du collectif dirigé par le professeur néerlandais Jan Tinbergen[96]. Alors que les rapports précédents comprenaient des modèles mondiaux ou régionaux de développement de la société humaine dans les années à venir, le rapport Rio présente une photographie, le constat de la situation à cette époque, qu'il caractérise comme un désordre mondial, et des propositions de modifications, de réparations par secteur d'activité pour parvenir à un ordre international. Après avoir passé en revue les principaux problèmes (course aux armements, population, alimentation, établissements humains, environnement, système monétaire mondial, ressources naturelles et énergie, science et technologie, entreprises transnationales, océans, institutions internationales, interdépendances planétaires), le livre contient des propositions d'action sur les problèmes analysés, et, enfin, un ensemble de rapports techniques sur ces problèmes. De manière quelque peu superficielle[97] et avec des énoncés pleins de platitudes, tous les secteurs de la vie économique et sociale

---

[95] J. Tinbergen, A. Dolman, J van Ettinger, *RIO—Reshaping the International Order: A REPORT TO THE CLUB OF ROME*, 2242.pdf (corteidh.or.cr) – consulté le 13.01.2024.

[96] Jan Tinbergen (né le 12 avril 1903 à La Haye, Hollande-Méridionale, Pays-Bas - décédé le 9 juin 1994 à La Haye, Hollande-Méridionale, Pays-Bas) était un économiste néerlandais, lauréat du prix Nobel d'économie en 1969. Jan Tinbergen - Wikipedia – consulté le 13.01.2024.

[97] Par exemple, en ce qui concerne l'alimentation, dans la présentation de la "sphère de problèmes", il est indiqué qu'il existe une crise surtout dans les pays pauvres, les causes sont brièvement analysées, et il est souligné que la nourriture peut devenir une arme redoutable entre les mains de ceux qui la contrôlent. J. Tinbergen, A. Dolman, J van Ettinger, *RIO—Reshaping the International Order: A REPORT TO THE CLUB OF ROME*, p. 30, 166., 2242.pdf (corteidh.or.cr) – consulté le 13.01.2024.

sont traités, et la conclusion de cette analyse est la nécessité de modifier l'optique sur le fonctionnement actuel du monde et de procéder à des changements radicaux dans le sens où la société dans son ensemble doit assumer la responsabilité de satisfaire les besoins individuels et collectifs de l'humanité et de créer un ordre international basé sur des concepts plus éthiques et plus humanitaires[98]. Pour atteindre cet objectif, le rapport énonce une série de principes directeurs (équité, liberté, démocratie participative, solidarité, diversité culturelle et intégrité de l'environnement) et les composantes des nouvelles stratégies de développement sont : la satisfaction des besoins individuels et collectifs, l'éradication de la pauvreté dans le monde entier, le développement basé sur les ressources propres et sur les institutions et technologies locales, l'exercice du pouvoir public pour ne pas laisser la société et l'économie à la merci d'une croissance aberrante, le développement écologiquement équilibré[99]. Parmi les critiques adressées au rapport, on trouve celles qui soulignent que bien que de nombreuses recommandations soient admirables, elles vont trop loin pour être facilement acceptées par les pays développés, tandis que d'autres ne vont pas assez loin pour satisfaire les multiples besoins des pays en développement[100].

Le Modèle de Bariloche (Amilcar Herrera[101], 1976) est une autre réponse aux prédictions pessimistes du Rapport Meadows et a été réalisé par un groupe de scientifiques sud-américains

[98] M. Bleahu, *op. cit. Privește înapoi cu mânie...Privește înainte cu spaimă Valențele ecologiei politice*, p. 51.

[99] J.S.Duesenberry et al., *The Brookings Quarterly Econometric Model of the United States*, Rand McNally, Chicago, 1965; G. von Haberler, *Prosperity and Depression, A Theoretical Analysis of Cyclical Fluctuations*, League of Nations, Geneva, 1936.

[100] Reviewing the International Order (RIO) Interim Report, [Coordinated by Jan Tinbergen]. Bouwcentrum International Education, Rotterdam, Holland: [32 pp.], 29 × 21 × 0.3 cm, paper covers, [no price indicated], 1975. (rero.ch) - consulté le 13.01.2024.

[101] Amílcar Oscar Herrera (1920-1995) était un géologue argentin. Il a obtenu son diplôme de la Faculté des sciences exactes et naturelles (FCEyN) de l'Université de Buenos Aires en 1947. Il a terminé sa thèse de doctorat en 1950 sous la direction de Horacio Harrington sur les dépôts de minerai de fer de Sierra Grande, dans la province de Río Negro. Amílcar Herrera - Wikipedia - consulté le 13.01.2024.

sous la direction d'Amilcar Herrera et sous l'égide de la Fondation Bariloche en Argentine. Contrairement aux modèles précédents (Meadows et Mesarovič-Pestel) qui partaient de la situation des années 70 pour projeter les données brutes dans le siècle suivant, le modèle de Bariloche part inversement des besoins de l'homme et de la société future pour voir comment agir en vue de satisfaire ces besoins ; par conséquent, ce modèle n'est pas prédictif, il ne nous dit pas quelles seront les conséquences si les tendances actuelles se poursuivent, mais plutôt un modèle normatif, qui nous dit quoi faire pour atteindre un objectif bien défini[102]. L'objectif fixé est la satisfaction des besoins fondamentaux de l'homme qui sont : la nourriture, le logement, la protection de la santé, l'éducation et les biens de consommation et autres services qui ne sont pas inclus dans les catégories précédentes. La qualité de vie est explorée à l'aide d'indicateurs qui expriment le type et la quantité de besoins nécessaires pour satisfaire les individus qui composent l'humanité, en rapportant le total des besoins à la population mondiale ; l'opération montre que le rapport à la population mondiale est erroné car, par exemple, l'espérance de vie moyenne dans le monde est de 57 ans, mais il faut tenir compte du fait qu'elle est de 49 ans dans les pays pauvres et de 73,5 ans dans les pays riches, et pour éliminer de telles erreurs, qui trouvent leur origine dans l'énorme inégalité entre les deux mondes, le modèle distingue quatre régions, à savoir : 1. les pays industrialisés d'Europe, les États-Unis, le Canada, la Nouvelle-Zélande, le Japon, 2. les pays africains, 3. les pays d'Amérique latine, 4. les pays asiatiques. Une autre démarche du modèle est de démontrer qu'il n'y a pas de limites physiques absolues pour l'avenir prévisible (à cette fin, une analyse est effectuée sur les ressources non renouvelables, l'énergie et la pollution, la conclusion étant qu'elles ne peuvent pas atteindre des valeurs prohibitives pour l'évolution de la société). Ensuite, les auteurs tentent de prouver que tous les pays et régions du

---

[102] Voir M.L. Bianco, *Reconstrucţia eco-antropică-modele multidisciplinare în ecologia urbană – în Parteneriat creativ de bunăstare*, Ed.Aisteda, 2004; D. Gabor et all., *Să ieşim din epoca risipei*, Ed. Politică, Bucureşti,1983; W. Hafele, *Energia într-o lume finită*, Ed. Politică, Bucureşti, 1983.

monde peuvent atteindre les objectifs fixés dans un laps de temps raisonnable en partant de la situation actuelle ; plus précisément, le modèle estime qu'il est possible d'atteindre de manière prévisible la satisfaction des besoins fondamentaux par des moyens propres, sans aide extérieure, en 30 ans pour l'Amérique latine, en 60 ans pour l'Afrique et en 100 ans pour l'Asie. La réalité actuelle des pays sous-développés montre une qualité de vie si basse que sans un changement radical, une catastrophe causée par la pénurie alimentaire est à prévoir. Même les pays développés peuvent s'attendre à des convulsions massives s'ils ne réalisent pas un changement majeur. L'alternative à ces catastrophes est la construction d'une nouvelle société, d'où le titre du livre exposant le rapport : Catastrophe ou nouvelle société ?[103] Pour la réalisation de cette nouvelle société, il faut prendre en compte, d'une part, que les pays sous-développés ne pourront pas rattraper les pays développés, et, d'autre part, que les pays riches ont atteint ce stade de développement uniquement par un système de valeurs destructeur qui consiste à épuiser les richesses nationales et à détériorer l'environnement par un gaspillage effréné, et donc, toute politique de préservation de l'écosystème de la société humaine n'est pas réalisable à l'échelle mondiale tant qu'un niveau de vie acceptable n'a pas été assuré à chaque individu, ce qui mènerait à une société compatible avec la dignité humaine et avec l'environnement[104]. En conclusion, la nouvelle société serait une société de l'égalité, tant sur le plan social qu'international, une société qui n'est pas axée sur la consommation et où la production est régulée par les besoins et non par le profit. Parmi les critiques adressées à ce modèle, on trouve : l'absence de détails sur le chemin à parcourir jusqu'à l'atteinte de l'objectif final, à savoir la nouvelle société ; la question de la croissance démographique est traitée dans un sous-programme dépendant des aspects économiques, de même que la question de la sécurité alimentaire est à peine esquissée

---

103 A. O. Herrera, ş.a., *Catastrofă sau o nouă societate*, Ed. Politică, Bucureşti,1983.

104 M. Bleahu, *op. cit. Priveşte înapoi cu mânie...Priveşte înainte cu spaimă Valenţele ecologiei politice*, p. 53.

en parlant de l'augmentation des possibilités d'expansion des terres agricoles, de l'augmentation de la production par hectare, de l'irrigation et de l'aménagement du territoire[105], mais sans une analyse chiffrée précise de ces possibilités. De même, pour les auteurs, les réserves naturelles ne posent pas problème, leur conclusion étant que "les réserves minérales exploitables avec la technologie actuelle et celle du futur proche sont probablement suffisantes pour de nombreux siècles à venir"[106].

Le modèle MOIRA (Model of International Relations in Agriculture) est le résultat de la recherche menée par le Groupe de travail de l'Université libre d'Amsterdam, dirigé par le professeur Hans Linnemann[107], à la demande du Club de Rome. Comme la commande de l'étude ne concernait que l'avenir de l'humanité en ce qui concerne l'alimentation, en fonction de la croissance démographique mondiale, le modèle n'a pas suivi les relations à court ou à long terme entre la population, les ressources et l'environnement (comme nous l'avons vu dans les autres modèles), de sorte que des facteurs tels que la désertification, l'érosion ou la salinisation du sol et la pollution ne sont pas pris en compte. L'évaluation de la production alimentaire est calculée à partir de la production de biomasse sur la base du potentiel de photosynthèse avec des ajustements régionaux en fonction du sol, du climat et de la possibilité d'irrigation ; le deuxième facteur pris en compte est celui des avantages apportés par l'agriculture, résultant de la différence

---

105 La technique de division d'un terrain cultivable en plusieurs parcelles (en fonction du nombre de plantes devant être cultivées) et de la répartition, par rotation, de chaque plante sur une parcelle spécifique. asolament - definiție și paradigmă | dexonline - consulté le 13.01.2024.

106 M. Bleahu, *op. cit. Privește înapoi cu mânie...Privește înainte cu spaimă Valențele ecologiei politice*, p. 54.

107 Cet homme de science était inspiré et passionné, et tout au long de sa carrière, il est resté un élève et un véritable savant dans la tradition de Jan Tinbergen, le premier lauréat du prix Nobel d'économie. À la racine de ses études se trouvait sa conviction qu'un monde polarisé entre une richesse extrême et une pauvreté abjecte était intolérable. Membre honoraire Hans Linnemann est décédé | Université Erasmus de Rotterdam (eur.nl). - consulté le 13.01.2024.

entre les coûts de production et les recettes[108]. En utilisant un volume considérable de données statistiques, le modèle MOIRA tente de répondre à différents cas possibles de résolution du besoin alimentaire, car selon tous les scénarios, la pénurie est imminente dans les années à venir, de sorte que pour l'éviter, plusieurs solutions politiques sont proposées : la réduction de la consommation alimentaire par les pays riches ; l'achat d'aliments excédentaires par une organisation internationale, financée par les pays riches, pour les redistribuer aux pays confrontés à la pénurie alimentaire ; la régulation du prix des aliments sur le marché mondial en fixant des prix internationaux qui stimulent la production des pays pauvres sans les discriminer. Le paquet de mesures politiques proposé par le modèle MOIRA comprend trois éléments principaux : la stabilisation des prix, une politique des prix et la fourniture d'aide alimentaire. La principale critique adressée au modèle MOIRA est qu'il ne parvient pas à fournir une recette valable pour surmonter la crise alimentaire à laquelle l'humanité sera confrontée à l'avenir, mais il montre seulement la complexité des facteurs qui interviennent dans un jeu d'interdépendance réciproque, et ce, alors que, comme mentionné précédemment, le modèle ne tient pas compte de la dégradation de l'environnement, de l'érosion du sol, et de la pénurie d'eau[109].

Le modèle des Nations Unies (Leontief, 1977) est le résultat d'une étude détaillée sur l'avenir de l'humanité réalisée par un groupe de savants, dirigé par Wassily Leontief[110], lauréat du

---

[108] Le titre (en néerlandais) d'une version popularisée était "Mensen tellen", ce qui signifie à la fois "compter les gens" et "les gens comptent" en néerlandais ; en bref, "les gens comptent" - c'était toujours son objectif en tant que scientifique et être humain. Membre honoraire Hans Linnemann est décédé | Université Erasmus de Rotterdam (eur.nl). - consulté le 13.01.2024.

[109] M. Bleahu, *op. cit., Privește înapoi cu mânie...Privește înainte cu spaimă Valențele ecologiei politice*, p. 58; J. Andelin, W. Mills, P. B. Phelps, *Global Models, World Futures, and Public Policy: A Critique*, April 1982, Global Models, World Futures, and Public Policy: A Critique (princeton.edu) - consulté le 13.01.2024.

[110] Wassily Wassilyevich Leontief (né le 5 août 1906 - décédé le 5 février 1999) était un économiste soviéto-américain connu pour ses recherches sur l'analyse entrées-sorties et sur la manière dont les changements dans un secteur économique peuvent affecter d'autres secteurs. Vous pouvez en

prix Nobel d'économie en 1973 pour ses travaux sur l'analyse input-output en économie[111]. Cette étude a été réalisée à la demande des Nations Unies, conscientes de l'évolution déséquilibrée de l'humanité divisée en monde riche - monde pauvre et de la détérioration de l'environnement. Le résultat de la recherche a été un nouveau modèle global de l'avenir de l'humanité présenté dans le livre "L'avenir de l'économie mondiale"[112].

En fait, avant cette demande, en 1970, lors de la sixième session de l'Assemblée générale des Nations Unies, la Stratégie internationale du développement : Plan d'action de l'Assemblée générale pour la deuxième décennie des Nations Unies (ONU, 1970) a été adoptée, exprimant pour la première fois au niveau mondial une préoccupation pour la détérioration de l'environnement et affirmant la nécessité de promouvoir des activités visant à maintenir l'équilibre écologique sur lequel dépend la survie des êtres humains.

La série d'événements liés à la protection de l'environnement s'est poursuivie avec : la première Conférence sur

---

apprendre plus sur lui sur Wikipedia sous le titre "Wassily Leontief" ainsi que sur le site "Vasili Leontiev. Biografie".- consulté le 13.01.2024. W. Leontief, *Environmental repercussions and the economic structure: an input-output approach,* Review of Economics and Statistics, nr. 52 (3)/ 1970, p. 262–271.

[111] La méthode novatrice "entrées-sorties" ou "balance interne" élaborée par V.V. Leontiev ne constitue pas seulement un modèle économique-mathématique d'analyse de la dynamique des économies réelles au niveau national, régional et mondial, mais aussi un instrument de régulation de l'équilibre économique général et partiel et de détection et d'élimination des fluctuations négatives imprévues qui peuvent survenir spontanément dans l'économie réelle. (I. Ustian, L'actualité de la conception de l'économiste lauréat du prix Nobel V.V. Leontief, concernant la balance interne de la dynamique de l'économie réelle et le problème des ressources naturelles). 164-171_4.pdf (idsi.md); Actualitatea concepţiei economistului laureat al premiului nobel V. V. Leontiev, cu privire la balanţa interramurală a dinamicii economiei reale şi problema resurselor naturale (idsi.md) - consulté le 13.01.2024.

[112] Voir R.A. Cameron, *Concise Economic History of the World from Paleolithic Times to the Present*, Oxford, New York, 1993; D.R. Gallagher, *Trading Behaviour and the Performance of Daily Institutional Trades*, Accounting and Finance, 2001 cité par L. Crăciun, *Viitorul şi noua faţă a economiei, Economie teoretică şi aplicată, Volumul XIX,* 2012, No. 1(566), p. 65-72, Microsoft Word - 6_craciun_ro.doc (ectap.ro) - consulté le 13.01.2024.

l'environnement des Nations Unies (Stockholm, 1972)[113] ; le lancement, la même année, du Programme des Nations Unies pour l'environnement (PNUE) ; la résolution de l'ONU de 1972, attirant l'attention sur la nécessité d'accélérer la réalisation des objectifs de la Stratégie pour les pays en développement, en tenant compte des politiques environnementales pour éviter leur impact négatif ; l'élaboration d'un nouveau concept inclus dans la Déclaration sur l'établissement d'un nouvel ordre économique international, un concept qui allait susciter de vives controverses et de larges débats.

Le modèle de Leontief est hautement détaillé, ce qui résulte du fait que l'économie mondiale est divisée en 15 régions regroupées en : pays développés (8), en développement, riches en ressources (3), en développement, pauvres en ressources (4). Chaque région est décrite sur la base de 45 secteurs économiques, y compris l'agriculture (animaux, céréales, cultures et céréales), les ressources minérales (cuivre, bauxite, nickel, zinc, plomb, fer, pétrole, gaz naturel, charbon), l'activité industrielle (22 secteurs pour divers types d'industries), les services publics, le commerce, les transports[114], les

---

[113] La Déclaration de Stockholm (1972), dans le paragraphe 7 du préambule, prévoit : "Il est nécessaire que nous tous, citoyens et collectivités, entreprises et institutions, chacun à son niveau, assumions nos responsabilités et partagions équitablement les charges. Les individus, les organisations, les États peuvent façonner l'environnement de demain". Voir M. Diaconu, *Dreptul la mediu sănătos în constituţiile unor ţări ale Uniunii Europene*, Revista de Ştiinţe Juridice, nr.4/2006, Ed. Themis, Craiova, p.96.

[114] Voir C. Stanciu, *Dreptul transporturilor. Contracte de transport de bunuri*, Ed. Universul Juridic, Bucureşti, 2015; C. Stanciu, *Dreptul transporturilor. Îndrumar practic*, Ed. Universul Juridic, Bucureşti, 2015; C. Stanciu, *Studiu asupra antecontractului văzut ca raport juridic adiacent raportului juridic născut din contract*, Ed. Universitaria, Craiova, 2013; C.Stanciu, *Dreptul transporturilor*, Ed.C.H. Beck, Bucureşti, 2008; C. Stanciu, *Dreptul transporturilor. Note de curs*, Ed. Universitaria, Craiova, 2006; D. I. Scarlat, *Dreptul asigurărilor. Caiet de seminar*, Ed. Sitech, Craiova, 2020; D.I. Scarlat, *Subrogaţia în drepturile creditorului prin plata creanţei*, (Subrogation in creditor's rights by debt payment) Journal of Romanian Literary Studies, nr.22/2020, Institutul de Studii Multiculturale Alpha; Ed. Arhipelag XXI; D.I. Scarlat, *Dreptul proprietăţii intelectuale. Note de curs şi aplicaţii pentru IFR,* Craiova, Ed.Sitech, 2021; D.I. Scarlat, *Dreptul asigurărilor: note de curs şi aplicaţii practice* Craiova, Ed.Sitech, 2021; R. Niţoiu, *Teoria generală a dreptului*, Ed. Universitaria, Craiova, 2003, p. 261; C.

communications. Tous ces aspects ont été appliqués aux 15 régions, mais des connexions sont également établies entre elles pour les importations et exportations de 40 classes de biens et services, les flux de capitaux, les paiements externes, les intérêts[115].

Il convient de souligner que bien que les éléments de base du modèle soient la croissance démographique et le produit intérieur brut par habitant, bien que le titre de l'ouvrage comprenant les résultats de la recherche soit "L'avenir de l'économie mondiale", l'étude a été élaborée principalement pour étudier le développement en fonction des problèmes environnementaux, en prenant en compte la pollution, les restrictions imposées à l'extraction des ressources minérales et la production alimentaire.

Parmi les résultats présentés dans l'ouvrage "L'avenir de l'économie mondiale"[116], on peut citer : les taux de croissance du PIB dans les années 1980 et 1990 devraient être plus élevés que ceux prévus dans la Stratégie pour les pays en développement et moins élevés que ceux actuels pour les pays développés, afin de réduire de moitié l'écart entre les deux mondes d'ici l'an 2000 ; au XXe siècle, il n'y a pas de limites physiques à un développement accéléré des régions en développement, celles-ci étant uniquement politiques, sociales et institutionnelles ; la population en croissance rapide peut être soutenue en introduisant de nouveaux terrains agricoles non exploités dans le circuit agricole, ce qui pourrait doubler voire tripler la production ; les ressources minérales, indispensables à la croissance économique, ne sont pas considérées comme un

---

Stanciu, R. Niţoiu, *Specificitatea termenilor şi noţiunilor în materia transporturilor maritime*, Revista „Studii şi cercetări de onomastică şi lexicologie" (SCOL), Nr. 1-2/2012, Ed. Sitech, Craiova; C. Stanciu, R. Niţoiu, *Aspecte privind izvoarele dreptului transporturilor în dreptul intern şi comunitar*, Revista de Ştiinţe Juridice nr. 1/2009, Ed. Themis, Craiova.

[115] M. Bleahu, *op. cit., Priveşte înapoi cu mânie...Priveşte înainte cu spaimă Valenţele ecologiei politice*, p.59. Voir aussi L. Dogaru, *Regimul juridic al pădurilor*, Ed. Universităţii Petru Maior, Tîrgu Mureş, 2002; L. Dogaru, *Dreptul mediului. Ediţia a II-a revăzută şi adăugită*, Ed. Pro Universitaria, Bucureşti, 2020.

[116] A.P. Carter, W. Leontiev, P. Petri, *The future of the World Economy, A United Nation's Study*, Univ. Press, Oxford, Oxford, 1977, p.43-45.

problème de pénurie absolue, mais plutôt d'exploitation de ressources moins riches, de découverte de nouveaux gisements et surtout d'une répartition plus équitable, d'autant plus que des "vastes ressources minérales actuellement inconnues pourraient exister dans les pays en développement ; la lutte contre la pollution n'est pas techniquement irréalisable et il est considéré que les niveaux d'émissions pourront être maintenus dans les limites des années 1970 ; une attention particulière doit être accordée à l'industrie lourde, qui devrait connaître une croissance plus rapide en moyenne que l'industrie en général ; pour stimuler une croissance économique accélérée dans les pays en développement, des transformations profondes sur les plans social, politique et institutionnel sont nécessaires, suivies de changements économiques, seule la combinaison des deux exigences pouvant réduire l'écart de revenu entre les pays développés et ceux en développement"[117].

Parmi les critiques adressées au modèle[118], on peut mentionner : l'optimisme des évaluations - pour atteindre les taux de croissance prévus pour l'an 2000, il faudrait des coefficients d'investissement très élevés, impossibles à atteindre, et une consommation privée beaucoup trop faible, inacceptable pour les populations ; la satisfaction des besoins alimentaires par la mise en culture de terres non valorisées jusqu'à présent est utopique car ces terres se trouvent dans des zones climatiques inappropriées ou devraient être transformées en terres agricoles car elles sont actuellement des forêts ou des pâturages ; l'idée que les ressources matérielles ne s'épuiseront jamais est également irréaliste, car il est supposé que des gisements suffisants seront découverts, un jour, dans les pays en développement ; bien qu'il reconnaisse que la pollution soit un

---

[117] M. Bleahu, *Privește înapoi cu mânie...Privește înainte cu spaimă Valențele ecologiei politice*, Ed. Economică, București, 2001, p.60.

[118] E. Fontela Montes, *Leontief and the Future of the World Economy*, Estudios De Economia Aplicada, vol. 25-3, 2007, p. 571-590, Redalyc.Leontief and the Future of the World Economy; Leontief and the Future of the World Economy (iioa.org) - consulté le 13.01.2024.

grave problème pour l'humanité, le rapport estime qu'elle est techniquement soluble[119].

En conclusion, le modèle de Leontief est intéressant en raison de la méthodologie complexe utilisée et de la multitude de facteurs pris en compte, mais, tout comme les autres modèles optimistes, il s'est avéré utopique et déconnecté de la réalité de l'évolution de l'économie mondiale[120].

Le modèle Global 2000 (Rapport au président des États-Unis, 1980)[121] fait suite au message de Jimmy Carter en 1977, adressé au Congrès américain, qui soulevait la question de l'avenir de l'humanité jusqu'en l'an 2000 en ce qui concerne la population, les ressources et l'environnement, demandant une réponse claire aux experts pour orienter correctement la politique du pays. En réponse, le Conseil de la qualité de l'environnement et le Département d'État (Section des affaires internationales environnementales et scientifiques) ont collaboré avec d'autres institutions pour élaborer, après trois ans, un vaste rapport (1500 pages) publié en l'an 2000, intitulé Global 2000. L'objectif déclaré de l'étude était de faire des prévisions pour les principaux facteurs déterminants pour l'évolution de l'humanité, notamment la population, le produit intérieur brut, le climat, la technologie, l'agriculture, l'élevage, la pêche, la foresterie, l'eau, l'énergie, les ressources énergétiques, les ressources non énergétiques et

---

[119] Voir L. Lucas, J. Fontanella-Khan, *Food Security: Dampened Prospects*, Financial Times, 2012; J. Parker, *The 9 Billion-People Question: A Special Report on Feeding the World*, The Economist, 2011, cités par I. Sohn, *Long-Term Projections of Global Food Requirements: Why Were We Wrong?*, **Natural Resources**, Vol.4 No.2, June 13, 2013, Proiecții pe termen lung ale cerințelor alimentare globale: De ce ne-am înșelat? (scirp.org) - consulté le 13.01.2024.

[120] M. Bleahu, *op. cit., Privește înapoi cu mânie...Privește înainte cu spaimă Valențele ecologiei politice*, p.59.

[121] *Global 2000: the report to the President- entering the twenty-first century*, edited by Gerald 0. Barney, originally published as: *The global 2000 report to the President-entering the twenty-first century, vol. 1*, 1980; revissued in 1988, printed by Thomson-Shore, Inc., Dexter, MI, global2000reporttothepresident--enteringthe21stcentury-01011991.pdf (cartercenter.org) - consulté le 13.01.2024.

l'environnement, qui sont analysés en corrélation les uns avec les autres.[122]

Composé de deux parties - la première, comprenant une analyse très détaillée des facteurs susmentionnés sous forme de prévisions, pour voir quelles seront les modifications qui interviendront dans le monde en ce qui concerne la population, les ressources et l'environnement, et la deuxième incluant les résultats de l'exécution sur ordinateur d'un système d'interconnexion des prévisions pour les facteurs discutés - l'étude présente comme principaux inconvénients, tout d'abord, le fait qu'elle ne prend pas en compte les facteurs sociaux, politiques et économiques, et ensuite, la limite temporelle, à savoir l'année 2000. En revanche, le principal mérite du modèle Global 2000 réside dans l'abondance de données primaires qu'il fournit, ce qui fait que la première partie est une véritable encyclopédie de l'état du monde en ce qui concerne les facteurs physico-géographiques et leur évolution dans le temps. Parmi les conclusions assez pessimistes, mentionnons : la population connaîtra une très légère baisse du taux de croissance annuel, passant de 1,8 % à 1,7 %, et vers l'an 2000, elle augmentera annuellement de 100 millions, comparativement à 75 millions par an en 1975 (la population mondiale étant alors de 6,35 milliards d'habitants) ; l'économie croîtra plus fortement dans les pays en développement que dans les pays développés, mais le PIB restera faible, dans certains pays pauvres restant en dessous de 200 dollars, creusant ainsi le fossé entre les pays riches et les pays pauvres ; la production alimentaire sera de 30 % plus élevée dans le monde en l'an 2000 par rapport à 1970, mais cette croissance profitera encore une fois à la population des pays riches, tandis que la population d'Asie du Sud, du Moyen-Orient et d'Afrique ne connaîtra aucune amélioration de

---

[122] L. Dogaru, *The impact of globalization on the quality of the environment*, Proceedings of IAC-MEM, International Academic Conference on Management, Economics and Marketing, CIAE (Czech Institute of Academic Education), Publisher House, nr.1/2017; L. Dogaru, *Quelques principes du droit de l'environment*, Revista Curentul Juridic, Juridical Current Journal, nr.2/2018, pp. 104-116; L. Dogaru, *The general theory of law and its ambiguities,* Revista Curentul Juridic, Juridical Current Journal, nr. 4/2018, pp. 164-168.

sa situation actuelle, déjà insatisfaisante ; l'augmentation des terres agricoles ne sera que de 4 % d'ici l'an 2000, ce qui nécessitera une augmentation de la productivité des terres existantes par l'augmentation de la production d'engrais, de pesticides et du système d'irrigation, ainsi que du nombre de machines agricoles ; l'énergie dépendante du pétrole ne posera pas de problèmes car les gisements connus sont suffisants jusqu'à l'an 2000 et de nouvelles découvertes sont attendues dans les années à venir, et les autres combustibles (charbon, schistes bitumineux, gaz naturel et uranium) ont des réserves pour plusieurs centaines d'années ; l'eau potable sera l'une des grandes pénuries auxquelles l'humanité sera confrontée car des zones de sécheresse répétées sont déjà signalées en raison des changements climatiques ; les forêts disparaissent chaque année sur une superficie de 18 à 20 millions d'hectares, surtout les forêts humides intertropicales, ce qui fera qu'en l'an 2000, seuls 40 % des forêts actuelles subsisteront[123] ; parmi les détériorations écologiques, celle des sols fertiles est l'une des plus graves (notamment par l'érosion, la salinisation, l'ensablement, l'appauvrissement en substances organiques et minérales) ; en ce qui concerne l'augmentation dans l'atmosphère du dioxyde de carbone et des substances chimiques attaquant la couche d'ozone, les prévisions ne montrent aucun changement notable jusqu'en l'an 2000, mais la perspective pour le XXIe siècle n'est pas très encourageante ; la faune et la flore sont en grand danger, la disparition des espèces prenant des proportions alarmantes[124]. Dans sa modeste complexité - car les éléments sont calculés séparément, sans connexions ni intégration complexe - Global 2000 vient confirmer les évaluations des modèles précédents, en particulier du modèle Meadows, qui, à son époque, a été injustement accusé d'être superficiel et inutilement catastrophiste.

---

[123] L. Dogaru, *Rolul legislației forestiere în protecția pădurilor românești,* Volumul "100 de ani de Drept în România", Ed. Hamangiu, București, 2018, pp. 127-136.

[124] I. Dediu, *Geneza, istoria și evoluția ecologiei: analiză prolegomenică și paradigmatică (II)*, Enciclopedica Revistă de istorie a științei și studii enciclopedice, nr. 2 (3), 2012, p. 15, Revista_02_2012.pdf (asm.md) - consulté le 14.01.2024.

Les modèles présentés ci-dessus font partie d'une longue série de tentatives de prévision, la littérature économique[125] étant très riche en analyses et solutions pour des cas nationaux, régionaux et internationaux. Le rapport Meadows a suscité un vif intérêt pour les modèles globaux car il a été un puissant signal d'alarme qui, par son pessimisme et ses conclusions déprimantes, a suscité à la fois des réactions de rejet, d'acceptation résignée ou de désir de changement rapide pour trouver des solutions plus optimistes. Bien que des données concrètes sur les différents facteurs conditionnant l'évolution de l'humanité aient été accumulées de manière impressionnante, ce qui aurait permis une réévaluation des modèles existants ou l'élaboration de nouveaux, les années 1980 n'ont pas apporté de nouvelles avancées ou de nouveaux modèles. Ainsi, les époux Meadows ont élaboré un deuxième modèle après 20 ans, qu'ils ont appelé World 3[126] (le précédent s'appelant World 2). Treize scénarios sont analysés pour le modèle World, tous partant des mêmes données initiales, mais avec des paramètres d'évolution modifiés, un par un, ou même pour tous les éléments[127] ; pour chaque scénario, environ 100 000 données numériques sont produites, présentées non pas telles quelles, mais sous forme de courbes d'évolution. De plus, par rapport au premier rapport, World 3 n'a pas de changement dans les chiffres initiaux, mais seulement dans les paramètres d'évolution dans le temps, car les données des 20 années écoulées entre les deux modèles ont été incluses. Le modèle World 3 comprend également d'autres nouveaux éléments : tout d'abord, pour chaque scénario, il existe un diagramme représentant l'état du monde, comprenant

---

[125] J. Andelin, W. Mills, P. B. Phelps, *Global Models, World Futures, and Public Policy: A Critique*, April 1982, Global Models, World Futures, and Public Policy: A Critique (princeton.edu) - consulté le 14.01.2024.

[126] D.H. Meadows, D.L., Meadows, J. Randers, W.W. Behrens III, *Limits to Growth: A Report for the Club of Rome's Project on the Predicament of Mankind*, Universe Books, New York, 1972, p. 205; D.L. Meadows, W.W. Behrens III, D.H. Meadows, R.F. Naill, J. Randers, E.K.O. Zahn, *Dynamics of Growth in a Finite World*, Wright-Allen Press, 1974, p. 637; D.H. Meadows, J. Randers, D.L. Meadows, *Limits to Growth: The 30-Year Update*, Chelsea Green, 2004, p. 368.

[127] M. Bleahu, *op. cit., Privește înapoi cu mânie…Privește înainte cu spaimă Valențele ecologiei politice*, p.59.

les éléments connus (population, production alimentaire, production industrielle, détérioration de l'environnement) et les ressources disponibles chaque année, avec mise à jour des nouvelles découvertes de réserves ; en plus, un deuxième diagramme représente les normes de vie matérielle, illustrant l'espérance de vie, la production alimentaire, industrielle et les services par habitant ; ensuite, l'introduction de nouveaux éléments tels que le suivi de la production agricole en fonction de la protection du sol contre l'érosion, l'amélioration de l'efficacité des ressources non renouvelables, les améliorations technologiques comme variantes d'amélioration de la situation générale ; enfin, des éléments nouveaux sont pris en compte en ce qui concerne la détérioration de l'environnement, qui n'étaient pas des priorités écologiques en 1972, ainsi que la situation des combustibles fossiles, des réserves d'eau douce, et d'autres encore[128].

Tous les 13 scénarios (dont 6 sont repris du modèle de 1972, avec des données actualisées) présentent pour l'année 2100 un effondrement dû à la pollution et au manque de nourriture et de ressources, et les conclusions du rapport World 3 peuvent être résumées ainsi : l'exploitation des ressources naturelles et la pollution, en particulier avec des matériaux et des substances difficilement dégradables, ont dépassé les limites acceptables à long terme, de sorte que si l'utilisation des ressources et la consommation d'énergie ne sont pas réduites rapidement, on peut s'attendre à une diminution difficilement contrôlable de la production alimentaire, de la production industrielle et de la production d'énergie dans les décennies à venir ; la crise ne peut être évitée que si une politique appropriée de maîtrise de la croissance démographique et de l'utilisation des ressources au niveau actuel[129] est lancée ; de telles politiques rendent encore possible, sur le plan technique et économique, l'existence future

---

[128] *Idem.*

[129] Voir aussi I. Dogaru, N. Popa, D.C. Dănişor, S. Cercel, *Bazele dreptului civil, volumul I, Teoria generală*, Ed. C. H. Beck, Bucureşti, 2008; I. Dogaru, S. Cercel, *Drept civil. Partea generală*, Ed. C. H. Beck, Bucureşti, 2007; I. Dogaru, S. Cercel, *Drept civil Persoanele*, Ed. C. H. Beck, Bucureşti, 2007.

d'une société durable, contrairement à une société axée sur une expansion constante, vouée à la destruction[130].

Parmi les critiques adressées au modèle World 3, on mentionne celle du scientifique tchéco-canadien et analyste politique Vaclav Smil[131], qui n'était pas d'accord avec la combinaison de différents processus physiques dans des équations simplifiées ; de plus, il affirme : "Mais ceux d'entre nous qui connaissaient le langage DYNAMO dans lequel la simulation a été écrite et ceux qui ont démonté le modèle ligne par ligne ont rapidement réalisé qu'il s'agissait plutôt d'un exercice de désinformation que d'un modèle fournissant des informations précieuses. J'ai été particulièrement surpris de la mise en relation de ressources extrêmement substituables mais relativement limitées en pétrole liquide avec des dépôts non substituables mais énormes de roches phosphatées sédimentaires, ou de gaz atmosphériques à durée de vie courte avec des déchets radioactifs à durée de vie longue, ce qui m'a semblé extraordinairement dénué de sens"[132].

D'autres, comme Henshaw, King et Zarnikau[133], soulignent que la méthodologie de tels modèles peut être empiriquement valide en tant que modèle mondial, mais qu'elle peut ne pas être utile pour la prise de décision car les données d'impact utilisées

---

[130] *Idem.* p. 73.

[131] Vaclav Smil (né le 9 décembre 1943) est un scientifique et analyste politique tchéco-canadien. Il est professeur émérite distingué à la Faculté de l'environnement de l'Université du Manitoba à Winnipeg, au Manitoba, Canada. S. Vaclav, *Invention and Innovation: A Brief History of Hype and Failure*, the MIT Press, 2023; S. Vaclav, *Size: How It Explains the World*, 2023, Viking/Penguin; S. Vaclav, *How the World Really Works: A Scientist's Guide to Our Past, Present and Future*, Viking/Penguin, 2022; S. Vaclav, *Numbers Don't Lie: 71 Things You Need To Know About The World*, Penguin, 2020; S. Vaclav, *Energy and Civilization: A History*, the MIT Press, 2017, Vaclav Smil - Wikipedia - consulté le 14.01.2024.

[132] S. Vaclav, *Energy at the Crossroads: Global Perspectives and Uncertainties*, The MIT Press, 2003.

[133] P. Henshaw, C. King, J. Zarnikau, *System Energy Assessment (SEA), Defining a Standard Measure of EROI for Energy Businesses as Whole Systems*, doi:10.3390/su3101908,
Sustainability | Free Full-Text | System Energy Assessment (SEA), Defining a Standard Measure of EROI for Energy Businesses as Whole Systems (mdpi.com) - consulté le 14.01.2024.

sont généralement collectées en fonction de l'endroit où l'impact est enregistré, conformément aux méthodes standard de comptabilisation des processus matériels ; les données ne sont pas organisées en fonction de qui paie ou bénéficie de l'impact, de sorte que la véritable responsabilité de l'impact économique n'est jamais déterminée. Selon eux, les raisons économiques qui causent les impacts ou qui pourraient les contrôler ne sont pas reflétées dans le modèle[134].

Section 2. Le changement climatique et les activités humaines

a. Statistiques

Les chercheurs et les décideurs en matière d'écologie, à quelques exceptions près, n'ont pas réussi à adopter une approche intégrée et multidisciplinaire pour analyser la relation entre l'action humaine et les systèmes écologiques qui assurent son existence. Bien que la spécialisation soit d'une importance vitale pour le progrès systémique des connaissances, il est également nécessaire d'avoir une vision généralisatrice qui intègre différents domaines de connaissance et crée des ponts, en particulier entre les sciences sociales et les sciences naturelles[135]. Le besoin le plus pressant d'intégration intellectuelle se fait sentir dans la relation entre les sciences économiques et l'écologie ; pendant une grande partie de la période de croissance économique mondiale rapide qui a suivi la Seconde Guerre mondiale, les économistes ont ignoré certains concepts écologiques tels que la capacité de soutien, car les demandes humaines sur les systèmes biologiques étaient largement en deçà du niveau viable de perpétuation de ces systèmes. Avec une multiplication par quatre de l'activité économique mondiale depuis le milieu du siècle dernier jusqu'à

---

134 E.G. Olteanu, Dreptul concurenței comerciale, Ed. Universitaria, Craiova, 2002, p. 136 et s; G. Olteanu, *Dreptul proprietății intelectuale, Ediția 2, revizuită și adăugită*, Ed. Ch. Beck, București, 2008; G.E Olteanu, I. Dogaru, L.B. Săuleanu, *Drept civil. Contracte special*, Ed. CH Beck, București, 2008.

135 L. Brown, *Probleme globale ale omenirii*, Ed. Tehnică, București, 1988, p. 256.

aujourd'hui, les exigences humaines commencent à dépasser les seuils de viabilité dans un nombre croissant de pays[136].

Le lien entre les émissions de dioxyde de carbone et le réchauffement climatique (qui a des effets profonds dans divers domaines tels que l'élévation du niveau de la mer, les phénomènes climatiques extrêmes, la fonte des glaciers, l'extinction de nombreuses espèces et les changements de santé humaine[137]) a depuis longtemps dépassé le stade de la théorie. De loin, les sources les plus importantes de pollution de l'air sont les moyens de transport ; dans les grandes agglomérations urbaines, les véhicules automobiles provoquent une pollution beaucoup plus importante que celle causée par l'industrie. Plus précisément, les voitures consomment de l'oxygène et évacuent en même temps par leur échappement de grandes quantités d'hydrocarbures, de monoxyde de carbone, ainsi que des quantités plus faibles mais non négligeables de plomb, d'aldéhyde, d'éthylène, d'hydrocarbures aromatiques cancérigènes. Plus spécifiquement, une voiture consomme, parcourant une distance de 1000 km, la quantité d'oxygène nécessaire à une famille de quatre personnes pendant un an ; pour chaque mille litres d'essence, un moteur à combustion interne émet 337 kilogrammes de substances polluantes dans l'atmosphère, principalement du monoxyde de carbone, et avec chaque réservoir d'essence vidé, un véhicule émet 32 grammes de plomb, que la pluie dépose sur la végétation ou transporte dans les rivières[138].

---

[136] *Idem.*

[137] Al Gore *Un adevăr incomod*, Ed. Rao, București, 2007; I. Vlădea *Tratat de termodinamică tehnică și transmiterea căldurii*, Ed. Didactică şi Pedagogică, București, 1974; I. Mărculeț, C. Mărculeț, *Schimbările climatice globale – o problemă prioritară*, Studii Slătinene, Anul VII, vol. XII, nr. 1/2013. (99+) SCHIMBĂRILE CLIMATICE GLOBALE. O PROBLEMĂ PRIORITARĂ (I. Mărculeț, Cătălina Mărculeț) | Ioan Mărculeț - Academia.edu - consulté le 14.01.2024.

[138] S. Neguţ, *Un singur pământ Omul și mediul înconjurător,* Ed. Albatros, București, 1978, p.160. Voir aussi A.I. Duşcă, T.E. Danciu, *Politica europeană de mediu – prezent și perspective,* Bienala, Timişoara, 2008, Ed. Wolters Kluwer, 2011, p. 976 et s.; D. Dănişor, *Interpretarea Codului civil Perspectivă jurilingvistică*, Ed. C.H. Beck, București, 2015.

Les données et les chiffres sont également pertinents au niveau de l'Union européenne, mettant en lumière différents aspects (causes, conséquences, évolution) des changements climatiques[139]. Bien que le CO_2 ne soit pas le seul gaz à effet de serre responsable du réchauffement climatique, il est le gaz à effet de serre le plus connu car il représente près de 80 % du volume total des émissions de gaz à effet de serre en 2021. D'autres gaz à effet de serre sont présents en quantités moindres dans l'atmosphère ; par exemple, le méthane représentait 12 % de l'impact des émissions de gaz à effet de serre de l'UE en 2021[140]. L'Union européenne se classait quatrième mondial en 2019 en termes de quantité de gaz à effet de serre émis, après la Chine, les États-Unis et l'Inde. Cependant, grâce aux mesures prises, la part de l'UE dans les émissions mondiales de gaz à effet de serre est passée de 15,2 % en 1990 à 7,3 % en 2019. Au sein de l'Union européenne, les pays avec les plus grandes émissions en 2019 étaient l'Allemagne, la France, l'Italie, la Pologne et l'Espagne, le secteur de l'énergie étant responsable de 77,01 % des émissions de gaz à effet de serre dans l'UE en 2019, suivi de l'agriculture (10,55 %), de l'industrie (10 %) et du secteur des déchets (3,32 %)[141].

En 2008, l'Union européenne a fixé l'objectif de réduire les émissions de gaz à effet de serre de 20 % par rapport aux niveaux de 1990. Des progrès importants ont été réalisés, car en 2019, les émissions de gaz à effet de serre de l'UE avaient diminué de 24 % par rapport aux niveaux de 1990, et en 2020, les émissions avaient diminué de 31 % par rapport à 1990, en partie en raison de la pandémie de Covid-19.

En 2021, l'UE s'est fixé un nouvel objectif : réduire les émissions de gaz à effet de serre d'au moins 55 % d'ici 2030 par rapport aux niveaux de 1990 et atteindre la neutralité climatique d'ici 2050. Cependant, selon les projections les plus récentes des

---

[139] Schimbările climatice în Europa: cifre și date | Actualitate | Parlamentul European - consulté le 14.01.2024.

[140] *Idem.*

[141] Emisii de gaze cu efect de seră pe țări și sectoare (infografic) | Actualitate | Parlamentul European (europa.eu) - consulté le 14.01.2024.

États membres, la réduction nette des émissions ne sera que d'environ 41 % d'ici 2030[142].

b. Que disent les climatologues ?

Sir David King[143], conseiller scientifique en chef du gouvernement britannique, a rendu publics en 2004 les résultats d'une étude scientifique confirmant la relation entre les niveaux de dioxyde de carbone (CO_2) et la température au cours des 740 000 dernières années. Plus précisément, l'analyse d'un échantillon de glace prélevé en Antarctique, à une altitude de 3 km, par des chercheurs britanniques, a révélé une fluctuation cohérente des concentrations de CO_2 entre 200 parties par million (ppm) pendant les périodes glaciaires et 270 ppm pendant les périodes chaudes. Cette transition entre les ères glaciaires et les périodes chaudes s'est produite à de nombreuses reprises et la concentration de CO_2 a toujours été dans cette plage[144].

---

142 Progrese UE în privința obiectivelor legate de schimbările climatice | Actualitate | Parlamentul European (europa.eu); Ce este neutralitatea emisiilor de dioxid de carbon | Actualitate | Parlamentul European (europa.eu) - consulté le 14.01.2024.

Voir aussi Decizia nr. 406/2009/CE a Parlamentului European și a Consiliului din 23 aprilie 2009 privind efortul statelor membre de a reduce emisiile de gaze cu efect de seră astfel încât să respecte angajamentele Comunității de reducere a emisiilor de gaze cu efect de seră până în 2020 (europa.eu) - consulté le 14.01.2024.

143 Sir David Anthony King (né le 12 août 1939) est un chimiste britannique né en Afrique du Sud. King a d'abord enseigné à l'Imperial College de Londres, à l'Université East Anglia, puis a été professeur de chimie à l'Université de Liverpool (1974-1988) et à l'Université de Cambridge (1988-2006). En dehors du milieu universitaire, King a été conseiller scientifique principal du gouvernement britannique et chef du Bureau gouvernemental des sciences de 2000 à 2007 ; de 2013 à 2017, il est retourné collaborer avec le gouvernement du Royaume-Uni en tant que représentant spécial pour les changements climatiques du ministre des Affaires étrangères. David King (chemist) - Wikipedia - consulté le 14.01.2024. Voir Sir D. King, G. Walker, *The Hot Topic: how to tackle global warming and still keep the lights on*, Bloomsbury, London, 2008.

144 L.Brown, *Planul B* $_{2.0}$ *Slavarea unei planete sub presiune și a unei civilizații în impas*, Ed. Tehnică, București, 2006, p. 61.

Lorsque la révolution industrielle a commencé, le niveau de CO_2 atmosphérique était d'environ 270 ppm ; les 337 enregistrés en 2004 se situent non seulement bien au-dessus de tout niveau atteint au cours des 740 000 dernières années, mais pourraient approcher une valeur qui n'a pas été vue depuis 55 millions d'années (à cette époque, la Terre était une planète tropicale, donc il n'y avait pas de glace polaire et le niveau de la mer était de 80 mètres plus élevé qu'aujourd'hui).

Les scientifiques[145] de l'Institut Goddard pour les études spatiales, un institut relevant de l'Administration nationale de l'aéronautique et de l'espace[146], ont recueilli des données à partir d'un réseau de 800 stations de surveillance climatique dans le monde, pour mesurer les changements de la température moyenne mondiale ; leurs enregistrements remontent à 1880.[147] Il a été constaté qu'à partir de 1970, la température moyenne de la Terre a augmenté de 0,8 degré Celsius (1,4 degré Fahrenheit) ; au cours de cette période, l'augmentation de la température chaque décennie a été supérieure à celle de la décennie précédente, de sorte que les météorologues ont constaté que les années les plus chaudes enregistrées ont commencé dans les années 1980. La quantité de CO_2 dans l'atmosphère a augmenté de manière substantielle depuis le début de la révolution industrielle, en 1959 ; depuis lors, elle a augmenté chaque

---

[145] S.Ţurlea, *S.O.S. natura în pericol*, Ed. Politică, Bucureşti, 1989, p.154-155.

[146] K. Tsigaridis, R. Field, S.E. Bauer, M.N. Ross, C. Maloney, G.A. Schmidt, K.H. Rosenlof, *Composition and climate impacts of increasing launches to Low Earth Orbit*, AIAA SciTech, 2024 Forum, 8-12 January 2024, Orlando, FL, doi:10.2514/6.2024-2168; D. Shindell, R. Hunter, G. Faluvegi, L. Parsons, *Premature deaths due to heat exposure: The potential effects of neighborhood-level versus city-level acclimatization within US cities*, GeoHealth, 8, no. 1/2024, doi:10.1029/2023GH000970. NASA GISS: NASA Institutul Goddard pentru Studii Spațiale - consulté le 14.01.2024.

[147] Ch. Bonneuil, *Que s'est-il passé depuis cinquante ans pour que, malgré des centaines de sommets, conférences, traités et conventions, les dérèglements planétaires ne cessent de s'aggraver ?,* Le Monde, 17 iunie 2021.
« Que s'est-il passé depuis cinquante ans pour que, malgré des centaines de sommets, conférences, traités et conventions, les dérèglements planétaires ne cessent de s'aggraver ? » (lemonde.fr) - consulté le 14.01.2024.

année, ce qui en fait l'une des tendances environnementales les plus faciles à prévoir.

Sur la base de ces augmentations, les prévisions du Groupe d'experts intergouvernemental sur l'évolution du climat (GIEC) indiquent que nous assisterons à une fonte accélérée de la calotte glaciaire du Groenland et des glaciers de montagne du monde entier. Le GIEC estime qu'une augmentation de la température de 5,8 degrés Celsius d'ici 2100, une augmentation comparable à celle entre la dernière ère glaciaire et aujourd'hui, entraînera l'émergence d'un monde très différent de celui que nous connaissons[148].

En tenant compte de ces constatations, on parle du réchauffement climatique comme étant le phénomène d'augmentation continue des températures moyennes enregistrées de l'atmosphère à proximité immédiate du sol, ainsi que de l'eau des océans, constaté au cours des deux derniers siècles, mais surtout au cours des dernières décennies. Les phénomènes de réchauffement global ont toujours existé dans l'histoire de la Terre, étant associés au phénomène cosmique du maximum solaire, alternant avec de petites glaciations terrestres associées au phénomène du minimum solaire. La température moyenne de l'air près de la surface de la Terre a augmenté d'environ 0,74 ± 0,18°C au cours du dernier siècle. Bien que le phénomène de réchauffement observé soit largement accepté par les scientifiques et les décideurs, il existe diverses explications sur les causes du processus, mais l'opinion dominante est que le réchauffement est causé par les activités humaines, en particulier par l'émission de dioxyde de carbone dans l'atmosphère par la combustion de combustibles fossiles[149].

Le phénomène de réchauffement climatique a été mis en évidence en Roumanie[150] sur la base de l'analyse de séries de données climatologiques longues (plus de 100 ans, 14 stations météorologiques) ; au cours du XXe siècle (1901-2000), la

---

[148] L.Brown, *op. cit.*, *Planul B 2.0*, p. 64.

[149] Încălzirea globală - Wikipedia - consulté le 14.01.2024.

[150] M. Duțu, *Dreptul mediului si al climei,* vol. I, *Partea generală,* Ed. Universul Juridic, București, 2022, p. 26.

température moyenne annuelle du pays a augmenté de 0,3°C, une valeur inférieure à l'augmentation moyenne globale de 0,6°C. Il y a eu des différences régionales : un réchauffement plus prononcé dans le sud et l'est du pays (atteignant jusqu'à 0,8°C dans les stations Bucarest-Filaret, Constanța et Roman) et insignifiant dans les régions intra-carpatiques, à l'exception de la station Baia Mare, où l'effet anthropique a entraîné un réchauffement de 0,7°C. Sur la période 1901-2006, le réchauffement moyen en Roumanie a été de 0,5°C et du point de vue pluviométrique, il y a eu une tendance générale à la diminution des précipitations annuelles, plus prononcée dans le sud du pays après 1960[151].

Sur la période 1901-2020, en Roumanie, la température moyenne annuelle de l'air a augmenté de plus de 1°C, les facteurs locaux qui nuancent la réponse climatique régionale au signal du réchauffement global étant : la présence de l'arc carpatique, la proximité de la mer Noire, la diversité des types de sols et de la couverture terrestre, ainsi que le réseau hydrographique complexe. Une analyse utilisant les observations de 113 stations météorologiques couvrant le territoire de la Roumanie montre que la température moyenne de l'air présente des tendances à la hausse, statistiquement significatives, dans toute la Roumanie, pendant l'hiver et l'été[152]. Les augmentations de température sont les plus

---

[151] M.V. Bîrsan, D.M. Micu, I.A. Niță, E. Mateescu, R. Szepa, A. Keresztesi, *Spatio- temporal changes in annual temperature extremes over Romania (1961–2013),* Romanian Journal of Physics, 64/2019, p. 816, Microsoft Word - 11-Birsan-MV-RomJPhys 2019-03-21-final.doc (nipne.ro) - consulté le 14.01.2024; A. Dumitrescu, R. Bojariu, M.V. Birsan, L. Marin, A. Manea, *Recent climatic changes in Romania from observational data (1961–2013)*, Theoretical and Applied Climatology, 122(1–2): 111–119/2015, doi: 10.1007/s00704-014-1290-0; M. V. Bîrsan, A. Dumitrescu, *Snow variability in Romania in connection to large-scale atmospheric circulation*, International Journal of Climatology 34(1):134–144 (2014). doi: 10.1002/joc.3671.

[152] La détection des tendances a été réalisée avec le test de Mann-Kendall (Mann 1945). Mann HB (1945) *Nonparametric Tests against Trend. Econometrica* 13: 245-259, cité par R. Bojariu, Z. Chițu, S. I. Dascălu, M. Gothard, L. F. Velea, R. Burcea, A. Dumitrescu, S. Burcea, L. Apostol, V. Amihaesei, L. Marin, V. Ştefan Crăciunescu, A. Irimescu, M. Mătreață, A. Niță, M. V. Bîrsan, *Schimbările climatice – de la bazele fizice la riscuri și*

importantes en été et en hiver, la hausse décennale de la température se situant entre 0,2°C et plus de 0,6°C en été, et entre 0,1°C/décennie et plus de 0,6°C/décennie en hiver[153]. En automne, les tendances de hausse de la température (taux décennaux entre 0,001°C/décennie et plus de 0,3°C/décennie) sont les plus faibles de toutes les saisons et ne sont statistiquement significatives que pour certaines stations météorologiques analysées. Dans le cas des stations Bucarest Băneasa et Bucarest Filaret, dans toutes les saisons, la station météorologique située au centre de la ville de Bucarest présente une tendance à une augmentation de température plus élevée que celle située à l'extrémité nord de l'agglomération urbaine, illustrant le développement urbain et l'effet d'îlot de chaleur urbain[154].

En conclusion, tout le tableau des changements climatiques peut être résumé dans la citation suivante : "La planète bleue est malade. Elle a des bouffées de chaleur et des frissons. Elle transpire et respire de manière incontrôlée, en raison d'un «métabolisme» totalement déréglé. Son sang bleu, contaminé, a changé de couleur ici et là, et sa viscosité s'est modifiée. Certaines «veines» se sont nécrosées. La cause - la combinaison malheureuse entre les déforestations irrationnelles et la pollution - toutes deux échappées à tout contrôle. Le résultat - l'effet de serre perfide. Le rythme actuel de l'agression économique contre le berceau de la civilisation humaine ne s'arrêtera pas si les dirigeants du monde n'interviennent pas énergiquement pour atténuer au moins le désastre qui a déjà commencé. Une grande partie des êtres vivants de la Terre (y compris les êtres humains) succomberont dans les décennies à

---

adaptare, Ediție revăzută și adăugită, Administrația Națională de Meteorologie, Ed. PRINTECH, București, 2021, p. 16. Bojariu et al 2015-02-20 13h (meteoromania.ro); A2.3_RaportFinal.pdf (mmediu.ro) - consulté le 14.01.2024.

[153] A2.5._RaportIntegrat.pdf (mmediu.ro) - consulté le 14.01.2024.

[154] *Idem.* R. Bojariu, Z. Chițu, S. I. Dascălu, M. Gothard, L. F. Velea, R. Burcea, A. Dumitrescu, S. Burcea, L. Apostol, V. Amihaesei, L. Marin, V. Ştefan Crăciunescu, A. Irimescu, M. Mătreață, A. Niță, M. V. Bîrsan, *op. cit., Schimbările climatice – de la bazele fizice la riscuri și adaptare…*

venir, faute de nourriture, étouffés, empoisonnés ou rendus malades par des épidémies parmi les plus imprévisibles."[155]

Section 3. GIEC (Groupe d'experts intergouvernemental sur l'évolution du climat)

a. Origine[156] et rôle

Le 6 décembre 1988, l'Assemblée générale des Nations unies a adopté la résolution n° 43/53 intitulée "Protection du climat mondial pour les générations présentes et futures de l'humanité", établissant que les changements climatiques représentent un problème pour toute l'humanité, et a approuvé la création du Groupe d'experts intergouvernemental sur l'évolution du climat (GIEC)[157], dans le but de fournir aux décideurs internationaux des données et des informations scientifiquement fondées, à l'échelle mondiale et de manière cohérente, sur l'état de la pollution atmosphérique, l'évolution

---

[155] T. Gridan, N. Ţicleanu, *Încălzire globală sau glaciaţiune?,* Ed. Didactică şi Pedagogică, Bucureşti, 2006, p.99-100, cité par I. Mărculeț, C. Mărculeț, *Schimbările climatice globale – o problemă prioritară*, Studii Slătinene, Anul VII, vol. XII, nr. 1/2013, Ed. Hoffman, pp. 293-298. (99+) SCHIMBĂRILE CLIMATICE GLOBALE. O PROBLEMĂ PRIORITARĂ (I. Mărculeț, Cătălina Mărculeț) | Ioan Mărculeț - Academia.edu - consulté le 14.01.2024. A se vedea şi: A.I.Duşcă, R.Bischin, *Schema cadru a hotărârilor Curţii de Justiţie a Comunităţilor Europene. Discuţie pe marginea Hotărârii C.J.C.E. în cauza Jipa*, în R.R.D.C. nr.1/2009, p.176-191; A.I.Duşcă, R.Bischin, *Hotărâri ale Curţii de Justiţie a Comunităţilor Europene în materia dreptului mediului*, Editura Universitaria, Craiova, 2009; A. I. Duşcă, A. B. Ilie, *Hotărâri ale Curţii de Justiţie a Uniunii Europene în materia mediului,* Ed. Universul Juridic, Bucureşti, 2010.

[156] Le prédécesseur du GIEC était le Groupe consultatif sur les gaz à effet de serre (AGGG), créé en 1986 par trois organisations, à savoir : le Conseil international des unions scientifiques, le Programme des Nations Unies pour l'environnement (PNUE) et l'Organisation météorologique mondiale (OMM). T. Potter, *Advisory Group on Greenhouse Gases Established Jointly by WMO, UNEP, and ICSU*, Environmental Conservation, 13 (4)/1986, DOI:10.1017/S0376892900035505, Advisory Group on Greenhouse Gases Established Jointly by WMO, UNEP, and ICSU - NASA/ADS (harvard.edu) – consulté le 13.01.2024.

[157] IPCC — Intergovernmental Panel on Climate Change – consulté le 13.01.2024.

des changements climatiques à l'échelle mondiale, ainsi que sur les impacts et les conséquences de ce phénomène[158].

Créé en 1988 par l'Organisation météorologique mondiale[159] (OMM) et le Programme des Nations unies pour l'environnement[160] (PNUE), l'objectif du GIEC est de fournir aux gouvernements à tous les niveaux des informations scientifiques qu'ils peuvent utiliser pour élaborer des politiques climatiques[161] ; par conséquent, le GIEC est une organisation intergouvernementale composée des gouvernements membres de l'Organisation des Nations unies ou de l'OMM, et compte actuellement 195 membres[162].

Dans la littérature juridique[163], il est précisé : "La raison de la création et le statut juridique conféré au Groupe intergouvernemental sur l'évolution du climat, sa structure et sa composition réunissant à la fois des spécialistes des questions écologiques et des représentants des structures

---

[158] A. Bulgaru (coord.) D. Albu, A. Moț, M.B. Berna, *Schimbările climatice și impactul acestora asupra drepturilor omului*, Ed. I.R.D.O., București, 2020, p. 18, Schimbarile_climatice_si_impactul_acestora_asupra_drepturilor_omului.pdf (irdo.ro) – consulté le 13.01.2024.

[159] L'Organisation météorologique mondiale (OMM), (en anglais World Mometrical Organization, WMO) est un organisme spécialisé des Nations Unies, qui compte 187 pays membres.Homepage | World Meteorological Organization WMO – consulté le 13.01.2024.

[160] *Le Programme des Nations Unies pour l'environnement (PNUE) est chargé de coordonner les réponses aux problèmes environnementaux au sein du système des Nations Unies.* Programul Națiunilor Unite pentru Mediu - Wikipedia – consulté le 13.01.2024.

[161] Microsoft Word - UNEP GC-14 decision IPCC 1987.doc; WMO_resolution4_on_IPCC_1988.pdf; Despre — IPCC - consulté le 14.01.2024.

[162] Le GIEC a reçu, en 2007, le prix Nobel de la paix avec Al Gore. A. Bulgaru (coord.) D. Albu, A. Moț, M.B. Berna, *Schimbările climatice și impactul acestora asupra drepturilor omului*, Ed. I.R.D.O., București, 2020, p. 18. Schimbarile_climatice_si_impactul_acestora_asupra_drepturilor_omului.pdf (irdo.ro) – consulté le 13.01.2024.

[163] M. Duțu, M.M. Duțu-Buzura, *Introducere în dreptul climei – Regim juridic complex și o inedită disciplină științifică*, STUDII ȘI CERCETĂRI JURIDICE Anul 9 (65), Nr. 3 Iulie–Septembrie 2020, Microsoft Word - 01 Sumar_ro.doc (rscj.ro) – consulté le 13.01.2024.

gouvernementales spécialisées, la procédure et les pratiques d'élaboration et d'adoption des rapports et résumés, ainsi que le rôle général de "diagnostic" qui leur est conféré dans le cadre du processus de négociation de l'élaboration et de l'adoption du cadre juridique afférent, configurent un mécanisme spécifique, exigé par les particularités du domaine réglementé. Placée sous l'autorité de deux entités spécialisées de coopération scientifique et intergouvernementale - le PNUE et l'OMM - la création de l'IPCC elle-même a représenté une "grande innovation" en permettant, pour la première fois à ce niveau, aux spécialistes et aux représentants politiques des pays du monde entier de travailler ensemble : les premiers produisent un diagnostic clair et rigoureux de l'état de la planète face aux changements climatiques, qui est ensuite débattu et formulé avec les seconds des recommandations pour les décideurs".

Le GIEC informe les gouvernements sur l'état des connaissances concernant les changements climatiques en examinant toute la littérature scientifique pertinente sur le sujet, portant sur l'impact, les risques naturels, économiques et sociaux, et propose plusieurs options de réponse. Par conséquent, le GIEC ne réalise pas ses propres recherches originales, mais des milliers de scientifiques et d'autres experts se portent volontaires pour examiner les publications sur les sujets analysés ; ensuite, les principales conclusions sont compilées dans des "rapports d'évaluation" pour les décideurs politiques et le grand public. Les experts ont décrit cette activité comme étant le plus grand processus d'évaluation entre pairs de la communauté scientifique[164].

---

[164] D. Avant, M. Finnemore, S. Sell, (Eds.), *Who governs the globe?,* New York: Cambridge University Press, 2010; P. Newell, *Climate for change: Non-state actors and the global politics of the greenhouse*, Cambridge: Cambridge University Press, 2000 citați de N. Nasiritousi, M. Hjerpe, B.-O. Linnér, *The roles of non-state actors in climate change governance: understanding agency through governance profiles*, în „International Environmental Agreements”, 2016, 16, p. 109-117. The roles of non-state actors in climate change governance: understanding agency through governance profiles | International Environmental Agreements: Politics, Law and Economics (springer.com) – consulté le 13.01.2024.

Les principes qui régissent l'activité du GIEC[165] établissent, au point 2, que le rôle du GIEC est d'évaluer sur une base exhaustive, objective, ouverte et transparente les informations scientifiques, techniques et socio-économiques pertinentes pour comprendre les bases scientifiques du risque des changements climatiques induits par l'homme, ses effets potentiels et les options d'adaptation et d'atténuation. Les rapports du GIEC doivent être neutres en ce qui concerne les recommandations politiques, mais ils peuvent aborder les facteurs objectifs pertinents pour la mise en œuvre des politiques[166].

b. La structure du GIEC

Du point de vue organisationnel, le GIEC (Groupe d'experts intergouvernemental sur l'évolution du climat) comprend plusieurs éléments constituants dans son propre système.

L'Assemblée générale est l'organe suprême de débat et de décision des questions pertinentes ; la réunion plénière se tient deux fois par an ou plus souvent si nécessaire pour approuver les rapports. Chaque membre de l'Assemblée générale dispose d'une voix ; toutes les décisions, sauf celles concernant l'élection des membres de son Bureau, sont prises par les représentants des gouvernements, par consensus, dans cette formule[167].

L'Assemblée générale élit un Bureau chargé de fournir des orientations au groupe sur les aspects scientifiques et techniques de ses activités, de conseiller sur les questions de gestion et de stratégie, et de prendre des décisions concernant des aspects spécifiques de son mandat. Le Bureau est composé du président du GIEC, des vice-présidents du GIEC, des coprésidents et vice-présidents des trois groupes de travail et des coprésidents du Groupe opérationnel sur les inventaires nationaux de gaz à effet de serre. Il compte actuellement 34 membres qui ne sont pas rémunérés par le GIEC. Les membres du Bureau sont élus

---

[165] PRINCIPLES GOVERNING IPCC WORK ANNEX 7 (ipcc.ch) – consulté le 13.01.2024.

[166] ipcc-principles-appendix-a-final.pdf – consulté le 13.01.2024.

[167] Structure — IPCC; Intergovernmental Panel on Climate Change - Wikipedia – consulté le 13.01.2024.

par la Commission pour la durée d'un cycle d'évaluation et doivent refléter une représentation géographique équilibrée, en tenant compte des exigences scientifiques et techniques ; les coprésidents et vice-présidents de chaque groupe de travail forment le Bureau de ce groupe de travail.

Le GIEC est divisé en trois groupes de travail et un groupe opérationnel ; le Groupe de travail I traite des aspects scientifiques des changements climatiques, le Groupe de travail II aborde l'impact des changements climatiques, l'adaptation et la vulnérabilité des systèmes socio-économiques et naturels aux changements climatiques, ainsi que les conséquences positives et négatives et les possibilités d'adaptation ; le Groupe de travail III examine les solutions possibles pour atténuer les changements climatiques et limiter les émissions de gaz à effet de serre. L'objectif principal du Groupe opérationnel sur les inventaires nationaux de gaz à effet de serre est d'élaborer et de perfectionner une méthodologie pour le calcul et le rapport des émissions et absorptions nationales de gaz à effet de serre[168]. En plus des groupes de travail et du groupe opérationnel, le GIEC peut créer d'autres groupes opérationnels pour une période déterminée afin d'analyser un sujet ou une question spécifique ; un exemple en est la décision prise lors de la 47e session du GIEC à Paris en mars 2018 de créer un groupe opérationnel pour améliorer l'équilibre des genres et aborder les questions liées au genre au sein du GIEC. Ce groupe opérationnel a achevé son travail, et son activité a été fondamentale pour l'adoption par le groupe et pour le Plan de mise en œuvre de la politique de genre[169].

Le Comité exécutif est composé du président, des vice-présidents du GIEC, des coprésidents des groupes de travail et

---

[168] Le Bureau de la Task Force (TFB). Le Groupe opérationnel pour les inventaires nationaux de gaz à effet de serre (TFI) dispose de son propre bureau opérationnel (TFB) composé de 12 membres et des deux coprésidents du TFI. Le TFB supervise le Programme national d'inventaire des gaz à effet de serre. Structure — IPCC – consulté le 13.01.2024.

[169] Despre — IPCC – consulté le 13.01.2024. N. Nasiritousi, M. Hjerpe, B.-O. Linnér, *The roles of non-state actors in climate change governance: understanding agency through governance profiles*, în „International Environmental Agreements”, 2016, 16, p. 109-117.

du groupe opérationnel, et aborde les questions urgentes qui surviennent entre les sessions du groupe[170].

Le Secrétariat gère les activités du GIEC, soutient le président et son bureau, et sert de point de contact pour les gouvernements[171].

c. Les rapports du GIEC

Le premier rapport, publié en 1990, dressait un premier bilan des connaissances scientifiques en la matière et avançait la thèse de l'existence du réchauffement climatique ; avec un tel soutien scientifique et dans le contexte de l'élan de coopération internationale sur l'environnement, la Convention-cadre des Nations unies sur les changements climatiques a été adoptée en 1992, se limitant à stipuler comme "objectif ultime" la stabilisation des concentrations de CO2[172]. La conclusion du deuxième rapport du GIEC en 1995, formulée pour la première fois de manière cohérente, selon laquelle "un ensemble d'éléments suggère une influence perceptible de l'homme sur le climat", a largement favorisé le déclenchement d'un processus de négociation visant à mettre en œuvre la Convention-cadre par l'élaboration et l'adoption du Protocole de Kyoto (1998, 2005)[173]. De même, la COP-21 de Paris, qui a adopté l'Accord de Paris sur le climat (2015), s'est largement basée sur les conclusions du cinquième rapport du GIEC.

Le lien entre le "diagnostic" de la structure de l'expertise scientifique et le processus normatif international a également été maintenu par le Rapport spécial de 2019, réalisé à la demande des États signataires de l'Accord de 2016 et portant

---

[170] Structure — IPCC – consulté le 13.01.2024.

[171] DRAFT CG Gov Man 7 June 12 am (ipcc.ch) – consulté le 13.01.2024.

[172] M. Duțu, M.M. Duțu-Buzura, *op. cit., Introducere în dreptul climei – Regim juridic complex și o inedită disciplină științifică*; M.Duțu, *op. cit., Dreptul climei Regimul juridic al combaterii și atenuării încălzirii globale și adaptării la efectele schimbărilor climatice*, p. 93. Primul raport de evaluare al IPCC - Wikipedia – consulté le 13.01.2024.

[173] Mircea Duțu, *Dreptul mediului și al climei,* vol. I, *Partea generală,* Ed. Universul Juridic, București, 2022, p. 505; IPCC CONTENTS; IPCC Second Assessment Report - Wikipedia– consulté le 13.01.2024.

sur les conséquences d'un réchauffement planétaire de 1,5°C, ainsi que sur les mesures à prendre en réponse à la menace que représente le réchauffement pour le développement durable et l'éradication de la pauvreté. De manière pertinente, les auteurs du document ont insisté sur sa double nature : scientifique, mais aussi socio-économique, car les trajectoires à suivre pour rester à 1,5°C remettent entièrement en question les systèmes de vie et de développement[174].

Le principal problème de l'établissement scientifique du lien de causalité entre l'activité humaine et le réchauffement climatique à l'origine des changements climatiques a été progressivement résolu dans ce même contexte. Si dans le rapport de 2001, la responsabilité humaine était probable (probabilité supérieure à 66 %), en 2007, elle était considérée comme très probable (plus de 90 %), et finalement, en 2013-2014, la probabilité dépassait 95 %, atteignant ainsi des certitudes.

L'augmentation du rôle du GIEC dans le processus normatif international sur le climat s'est également exprimée par l'augmentation du nombre de spécialistes impliqués dans la réalisation des rapports (de 273 en 1990 à 833 en 2013 et à plus de 1200 en 2019), du volume d'informations scientifiques consultées et utilisées, et de la diversification des aspects abordés et des diagnostics fournis sur le rythme d'augmentation des températures moyennes mondiales, du niveau des mers et des océans, de l'évolution de la fréquence et de l'intensité des phénomènes météorologiques extrêmes, de l'impact du dérèglement du système climatique, des vulnérabilités et des possibilités d'adaptation, autrement dit des conséquences présentes, des risques futurs et des capacités d'intervention pour les prévenir. Les évaluations du rapport coût/bénéfice dans ce

---

[174] M. Duțu, M.M. Duțu-Buzura, *op. cit., Introducere în dreptul climei – Regim juridic complex și o inedită disciplină științifică*; M.Duțu, *op. cit., Dreptul climei Regimul juridic al combaterii și atenuării încălzirii globale și adaptării la efectele schimbărilor climatice*, p. 93; O. Barrière, *L'urgence écologique, un impératif juridique,* în „Revue Juridique de l'Environnement", număr special 2021, „*Urgences écologiques: quelles urgences pour le droit?*", p. 35 et s. L'urgence écologique, un impératif juridique | Cairn.info – consulté le 13.01.2024.

domaine ou des scénarios de décarbonisation de l'économie mondiale et de transition énergétique sont devenues de plus en plus substantielles[175].

Dans le sixième rapport d'évaluation du GIEC, publié en mars 2023, il est précisé que : "Les activités humaines, principalement par les émissions de gaz à effet de serre, ont sans équivoque causé le réchauffement climatique, la température globale de la surface augmentant de 1,1°C par rapport à 1850-1900 entre 2011 et 2020. Les émissions mondiales de gaz à effet de serre ont continué à augmenter, avec des contributions historiques et continues inégales découlant de l'utilisation non durable de l'énergie, de l'utilisation des terres et du changement d'affectation des terres. Les émissions continues de gaz à effet de serre entraîneront un réchauffement climatique accru, la meilleure estimation étant d'atteindre 1,5°C à court terme dans les scénarios considérés. Chaque augmentation du réchauffement climatique intensifiera les dangers multiples et concomitants. Une réduction profonde, rapide et soutenue des émissions de gaz à effet de serre entraînerait un ralentissement visible du réchauffement climatique en environ deux décennies et également des changements visibles dans la composition atmosphérique en quelques années. Les changements climatiques représentent une menace pour le bien-être humain et la santé planétaire. Il existe une fenêtre d'opportunité qui se referme rapidement pour garantir un avenir viable et durable pour tous."[176]

---

[175] M. Duțu, M.M. Duțu-Buzura, *op. cit., Introducere în dreptul climei – Regim juridic complex și o inedită disciplină științifică*; J. Jouzel, *Expertise scientifique et négociations internationale*, în: Marta Torre-Schaub (dir.), *Bilan et perspectives de l'Accord de Paris (COP-21. Regards croisés*, IRJS Editions, Paris, 2017, p. 139–143.

[176] F, Harvey (2023-03-19), *What is the IPCC AR6 synthesis report and why does it matter?*, The Guardian, What is the IPCC climate change report – and what does it say? | Climate crisis | The Guardian; Summary for Policymakers (ipcc.ch); Wayback Machine (archive.org); IPCC_AR6_SYR_LongerReport.pdf – consultés le 13.01.2024.

Section 4. Réglementations internationales en matière de changements climatiques

a. La Convention des Nations Unies sur les changements climatiques

L'attention du public, attirée par la découverte de l'appauvrissement de la couche d'ozone et le succès des négociations entre États qui a abouti à la conclusion de la Convention de Vienne sur la protection de la couche d'ozone[177], a suscité une nouvelle préoccupation concernant la protection de l'atmosphère, mais cette fois-ci en ce qui concerne un problème beaucoup plus complexe, celui des changements climatiques[178].

Le 9 mai 1992, à New York, la Convention-cadre des Nations Unies sur les changements climatiques[179] a été conclue et offerte à la signature en juin 1992 lors de la Conférence des Nations Unies sur l'environnement et le développement à Rio de Janeiro ; elle est entrée en vigueur le 21 mars 1994 et a été ratifiée à ce jour par 195 États parties à la convention. Comme son nom l'indique, la convention dont il est question est un cadre, qui, du point de vue du droit international, constitue une prémisse à de futures négociations et fournit une base juridique pour les décisions et protocoles ultérieurs[180]. La convention

---

[177] Adoptée le 22 mars 1985. La Roumanie a adhéré à la Convention pour la protection de la couche d'ozone, ainsi qu'au Protocole relatif aux substances appauvrissant la couche d'ozone, adopté à Montréal le 16 septembre 1987, par la Loi n° 84 du 3 décembre 1993 (Journal officiel n° 292 du 15 décembre 1993).

[178] C. R. Mitroi, *op. cit., Globalizarea și mediul. Protecția juridică internațională referitoare la schimbările climatice,* p.312; A.I.Dușcă, *Regimul juridic internațional al combaterii, atenuării și adaptării la efectele schimbărilor climatice*, în A. Duțu-Buzura, *Dreptul și schimbările climatice Răspunsuri, preocupări, perspective*, Ed. Universul Juridic, București, 2021, p. 55-80.

[179] UNITED NATIONS FRAMEWORK CONVENTION ON CLIMATE CHANGE (unfccc.int) – consulté le 17.01.2024.

[180] T. G. Puthucherril, *International Law on Climate Change Adaptation: Has the Time Come for a New Protocol?,* Macquarie Journal of International and Comparative Environmental Law, Nr. 2/2012, Vol. 8, p. 43, cité par J. Cazala, *Le Soft Law international entre inspiration et aspiration*, Revue

était fondée sur plusieurs constatations selon lesquelles : les changements climatiques de la planète et leurs effets néfastes sont une source de préoccupation pour l'humanité tout entière ; l'activité humaine a entraîné une augmentation sensible des concentrations de gaz à effet de serre dans l'atmosphère ; cette augmentation intensifie l'effet de serre naturel et entraînera, en moyenne, un réchauffement supplémentaire de la surface terrestre, que les écosystèmes naturels et l'humanité risquent de subir ; la majeure partie des émissions de gaz à effet de serre dans le monde, passées et actuelles, provient des pays développés car les émissions par habitant dans les pays en développement sont encore relativement faibles, et la part des émissions totales imputable aux pays en développement continuera d'augmenter pour leur permettre de satisfaire leurs besoins sociaux et de développement ; la prévision des changements climatiques est affectée par un grand nombre d'incertitudes, surtout en ce qui concerne leur évolution dans le temps, leur ampleur et leurs caractéristiques régionales ; l'ampleur mondiale des changements climatiques exige que tous les pays coopèrent et participent à une action internationale, efficace et appropriée, conformément à leurs responsabilités communes, mais différenciées en fonction de leur capacité et de leur situation sociale et économique[181].

Objectif

La Convention-cadre des Nations unies sur les changements climatiques[182] a pour objectif final de stabiliser les concentrations de gaz à effet de serre dans l'atmosphère à un niveau qui empêche toute perturbation dangereuse du système climatique causée par l'activité humaine. Les parties ont convenu d'atteindre cet objectif dans un délai suffisant pour

---

interdisciplinaire d'études juridiques, 2011, n° 66, pp. 41-84. « Le Soft Law international entre inspiration et aspiration » | Cairn.info - consulté le 17.01.2024.

181 CONVENTIE 05/06/1992 - Portal Legislativ (just.ro) – consulté le 17.01.2024.

182 Ratifiée par la Roumanie par la loi Legea nr. 24 din 6 mai 1994 (M. Of. nr. 119 din 12 mai 1994).

permettre aux écosystèmes de s'adapter naturellement aux changements climatiques[183], pour que la production alimentaire ne soit pas menacée et pour que le développement économique puisse se dérouler de manière durable[184].

Principes

Les principes, expressément prévus à l'article 3, sont les suivants :

a) Il incombe aux parties de protéger le système climatique dans l'intérêt des générations présentes et futures, sur la base de l'équité et en fonction de leurs responsabilités communes, mais différenciées et de leurs capacités. Par conséquent, les pays développés doivent être en première ligne dans la lutte contre les changements climatiques et leurs effets néfastes ;

b) Il convient de tenir compte des besoins spécifiques et de la situation particulière des pays en développement, en particulier de ceux auxquels la Convention imposerait une charge disproportionnée ou anormale ;

c) La précaution doit accompagner les mesures de prévision, de prévention, d'atténuation des causes des changements climatiques et de limitation de leurs effets néfastes. L'absence de certitude scientifique absolue ne doit pas servir de prétexte pour retarder l'adoption de telles mesures ;

d) Les parties ont à la fois le droit et l'obligation d'agir en faveur d'un développement durable. À cet égard, les mesures visant à protéger le système climatique doivent être à la fois adaptées à la situation de chaque partie et intégrées dans les programmes nationaux de développement ;

---

[183] L'article 1, Définitions, de la Convention définit les changements climatiques comme des changements climatiques attribués directement ou indirectement à une activité humaine qui altère la composition de l'atmosphère à l'échelle mondiale et qui s'ajoute à la variabilité naturelle du climat observée au cours de périodes comparables. Pour la critique de cette définition, voir C. R. Mitroi, *Regimul internațional al protecției atmosferei*, Ed. Hamangiu, București, 2019, p. 215-216.

[184] Voir M. Topor, *Se schimbă clima?*, Ed. Științifică, București, 1967, p. 76; P. Gridan, N. Țicleanu, *Încălzirea globală sau glaciațiune?*, Ed. Didactică și Pedagogică, București, RA, 2006, pp. 156 et s.

e) Il incombe aux parties de travailler ensemble à un système économique international ouvert qui favorise à la fois la croissance économique et le développement durable de toutes les parties.

Sur la base et comme concrétisation du principe de responsabilité commune mais différenciée, les parties à la convention ont pris des engagements en matière de changements climatiques ; les obligations varient en fonction du groupe auquel appartiennent les États, la convention comportant deux annexes justifiées par la contribution de chaque État à la génération des changements climatiques et par la capacité de chacun à s'engager dans les actions de lutte contre le phénomène.

Engagements généraux

Les engagements généraux sont prévus à l'article 4 de la manière suivante : a) Toutes les parties, tenant compte de leurs responsabilités communes mais différenciées, ainsi que de la spécificité de leurs priorités nationales et régionales de développement, établissent, mettent à jour périodiquement, rendent publiques et mettent à la disposition de la Conférence des Parties, conformément à l'article 12, des inventaires nationaux des émissions anthropiques, basés sur leurs sources et absorbeurs[185] de tous les gaz à effet de serre[186], non réglementés par le Protocole de Montréal[187], en recourant à des méthodes

---

[185] Article 1, point 8 : absorbant : tout processus, toute activité ou tout mécanisme naturel ou artificiel qui conduit à la disparition de l'atmosphère d'un gaz à effet de serre, d'un aérosol ou d'un précurseur de gaz à effet de serre.

[186] Article 1, point 5 : gaz à effet de serre : constituants gazeux de l'atmosphère, à la fois naturels et anthropiques, qui absorbent et réémettent le rayonnement infrarouge.

[187] Le Protocole de Montréal relatif aux substances qui appauvrissent la couche d'ozone a été signé le 16 septembre 1987. Ce protocole vise à protéger la couche d'ozone en réduisant la production et la consommation de substances qui appauvrissent cette couche, telles que les chlorofluorocarbones (CFC), les halons et les tétrachlorure de carbone. https://eur-lex.europa.eu/legal-

comparables approuvées par la Conférence des Parties ; b) Elles établissent, réalisent, rendent publiques et mettent régulièrement à jour des programmes nationaux et, le cas échéant, régionaux, contenant des mesures visant à atténuer les changements climatiques, en tenant compte des émissions anthropiques et de la diminution par les absorbeurs des gaz à effet de serre, non réglementés par le Protocole de Montréal, ainsi que des mesures visant à faciliter une adaptation adéquate aux changements climatiques ;

c) Elles encouragent et soutiennent, par leur coopération, la mise au point, l'application et la diffusion - notamment par le biais du transfert - de technologies, pratiques et procédures permettant de contrôler, réduire ou prévenir les émissions anthropiques de gaz à effet de serre, non réglementés par le Protocole de Montréal, dans tous les secteurs pertinents, y compris l'énergie, les transports, l'industrie, l'agriculture, les forêts et la gestion des déchets ;

d) Elles encouragent la gestion durable, encouragent et soutiennent, par leur coopération, la conservation et, le cas échéant, le renforcement des absorbeurs et réservoirs de tous les gaz à effet de serre, non réglementés par le Protocole de Montréal, en particulier la biomasse, les forêts, les océans, ainsi que les autres écosystèmes terrestres, côtiers et marins ;

e) Elles préparent, en coopération, l'adaptation à l'impact des changements climatiques, conçoivent et mettent en place des plans appropriés et intégrés pour la gestion des zones côtières, des ressources en eau et de l'agriculture, et pour la protection et la restauration des zones touchées par la sécheresse et la désertification, en particulier en Afrique, et touchées par les inondations ;

f) Dans leurs politiques et actions sociales, économiques et environnementales, elles prennent en compte, dans la mesure du possible, les considérations liées aux changements climatiques et utilisent des méthodes appropriées, telles que des études d'impact, formulées et définies au niveau national, pour minimiser les effets néfastes sur l'économie, la santé publique et

---

content/RO/TXT/PDF/?uri=CELEX:21988A1031(02)&from=RO – consulté le 17.01.2024.

la qualité de l'environnement, des projets ou des mesures entreprises en vue d'atténuer ou de s'adapter aux changements climatiques ;

g) Elles encouragent et soutiennent, par leur coopération, les travaux de recherche scientifique, technologique, socio-économique et autres, l'observation systématique et la constitution d'archives de données sur le système climatique, qui permettent de mieux comprendre les causes, les effets, l'ampleur et la chronologie des changements climatiques, ainsi que les conséquences économiques et sociales des différentes stratégies de réponse, de réduire et de dissiper les incertitudes à cet égard ;

h) Elles encouragent et soutiennent, par leur coopération, l'échange de données scientifiques, technologiques, techniques, socio-économiques et juridiques sur le système climatique, ainsi que sur les conséquences économiques et sociales des différentes stratégies de réponse, ces données devant être échangées, dans leur intégralité, librement et rapidement ;

i) Elles encouragent et soutiennent, par leur coopération, l'éducation, la formation et la sensibilisation du public aux changements climatiques et encouragent la participation la plus large à ce processus, notamment celle des organisations non gouvernementales ;

j) Elles communiquent à la Conférence des Parties des informations sur la mise en œuvre, conformément à l'article 12.

Comme nous le constatons, la Convention-cadre des Nations Unies sur les changements climatiques ne contient pas d'engagements concrets et obligatoires pour les parties en ce qui concerne la réduction des émissions de gaz à effet de serre, ce qui a été une déception pour certains États parties à la convention[188]. C'est précisément cette absence d'engagements concrets et obligatoires qui confère à la Convention-cadre des Nations Unies sur les changements climatiques un caractère de

---

[188] D. McAllister, *The Climate Change Convention: A Signal of Emerging International Awareness*, Colorado Journal of International Environmental Law & Policy, nr. 4/1993, p. 484,485, cité par C. R. Mitroi, *Regimul internațional al protecției atmosferei*, Ed. Hamangiu, București, 2019, p. 222.

"soft law"[189] sur le plan international, car la Convention n'impose pas d'obligations concrètes aux États, mais établit plutôt un processus évolutif à long terme pour aborder juridiquement la question des changements climatiques. Elle énonce simplement l'objectif et les principes de cette démarche, met en place les institutions et les mécanismes de décision nécessaires, promeut un système de centralisation des informations nécessaires et encourage les actions nationales dans ce domaine.

En conclusion, la Convention-cadre des Nations Unies sur les changements climatiques adopte comme principales stratégies d'approche du phénomène en question la réduction des émissions de gaz à effet de serre et l'adaptation aux changements climatiques ; l'atténuation des changements climatiques représente l'action concertée des parties à la Convention visant à réduire les émissions de gaz à effet de serre ou à consolider la capacité de la planète à absorber ces émissions (forêts, océans, etc.) tandis que l'adaptation comprend l'ensemble des mesures nécessaires pour adapter les systèmes naturels et humains aux nouvelles conditions climatiques et environnementales inévitables[190]. Ces deux éléments de la stratégie de lutte contre les changements climatiques sont étroitement interdépendants, comme le souligne l'article 4.3 des Principes de l'Association internationale de droit sur les changements climatiques[191].

---

[189] La notion de "hard law" concerne les normes du droit international qui impliquent des engagements obligatoires et concrets, dont le non-respect entraîne certaines sanctions, tandis que les normes de "soft law" représentent plutôt un moyen de promouvoir une meilleure coopération entre les États. Voir J. Cazala, *Le Soft Law international entre inspiration et aspiration*, Revue interdisciplinaire d'études juridiques, 2011, n° 66, pp. 41-84. « Le Soft Law international entre inspiration et aspiration » | Cairn.info; D.M. Șandru, *Receptarea regimului juridic internațional al climei în dreptul Uniunii Europene*, ResearchGate– consulté le 17.01.2024.

[190] D. Estrin, H. Kennedy, *Achieving Justice and Human Rights in an Era of Climate Disruption*, International Bar Association Climate Change Justice and Human Rights Task Force Report, 2014, p. 48.

[191] C. Schwarte, W. Frank, *The International Law Association's Legal Principles on Climate Change and Climate Liability Under Public International Law*, Climate Law, 23 Feb 2014, Volume 4: Issue 3-4, pp. 201–216, DOI:https://doi.org/10.1163/18786561-00404001.

b. Le Protocole de Kyoto

Adoption et objectif

Dans le but de poursuivre et de renforcer les efforts visant à réduire les émissions de gaz à effet de serre, les parties à la Convention-cadre des Nations unies sur les changements climatiques, lors de la troisième session de la Conférence des Parties (COP3), ont décidé le 11 décembre 1997 d'adopter le Protocole de Kyoto[192], dont l'objectif était de réduire les émissions de gaz à effet de serre d'au moins 5 % par rapport au niveau de 1990 pour la période 2008-2012[193]. En tant que premier résultat et mise en œuvre de la Convention-cadre des Nations unies sur les changements climatiques, le Protocole de Kyoto a engagé les pays industrialisés et l'Union européenne dans une politique et une stratégie contraignantes de réduction des émissions de GES, en utilisant le marché mondial des quotas d'émission, en fixant un plafond mondial d'émissions et en distribuant aux États, sous forme de "droits d'émission", qui, à leur tour, ont été alloués aux entités polluantes[194].

Structure

Le Protocole de Kyoto[195] suit les règles de structure d'un traité international[196] ; après une brève liste de définitions (art.

---

[192] La Convention-cadre des Nations unies sur les changements climatiques.

[193] Entré en vigueur le 16 février 2005 ; ratifié par la Roumanie par la loi Legea nr. 3/2001, M.Of. nr. 81 din 16 februarie 2001. PROTOCOL 11/12/1997 - Portal Legislativ (just.ro) – consulté le 17.01.2024.

[194] M. Duțu, M. M. Duțu-Buzura, *op. cit., Introducere în dreptul climei – Regim juridic complex și o inedită disciplină științifică*, p. 346.

[195] D. Meinhard, *The Kyoto Protocol; Reflections on Its Significance on the Occasion of Its Entry into Force*, Dalhousie Law Journal, vol. 27, p. 556, disponibil la http://ssrn.com/abstract=2496025, The Kyoto Protocol: Reflections on its Significance on the Occasion of its Entry into Force (dal.ca) – consulté le 17.01.2024.

[196] Fr. Wijen, K. Zoeteman, *Architecture of the Kyoto Protocol and Prospects for Public Climate Policy*, RePub, Erasmus University Repository: Architecture of the Kyoto protocol and prospects for public climate policy (eur.nl) – consulté le 17.01.2024.

1), il énumère les obligations substantielles assumées par les parties (art. 2-12) ; les institutions créées pour atteindre les objectifs fixés sont établies par les articles 13 à 18, tandis que les dispositions concernant le règlement des litiges éventuels sont contenues dans l'article 19 ; les dispositions relatives à l'adoption d'amendements et à l'ajout d'annexes au protocole (art. 20, 21) sont suivies de celles concernant les droits de vote, leur exercice (art. 22), la signature, la ratification, l'entrée en vigueur, les réserves au protocole et le retrait des parties (art. 23-28). De plus, le Protocole comprend deux annexes : l'Annexe A qui contient une liste des gaz à effet de serre[197] pertinents pour le protocole et l'Annexe B qui contient les quantités d'émissions de gaz à effet de serre allouées à chaque partie de l'Annexe I de la Convention-cadre des Nations unies sur les changements climatiques. En ce qui concerne les principes sur lesquels il repose, étant donné que le Protocole de Kyoto est greffé sur la Convention-cadre des Nations unies sur les changements climatiques, ses principes sont à la fois les principes propres de la Convention et les principes suivants : le principe du développement durable, de précaution, de responsabilités communes mais différenciées, de pollueur-payeur, d'accès du public à l'information et à la justice en matière environnementale et à l'élaboration et à l'application des décisions environnementales.

Les obligations des parties

Les obligations assumées par les parties à travers le Protocole sont similaires à celles de la Convention. Parmi celles-ci, nous mentionnerons seulement : a) Formuler, là où cela est justifié[198] et autant que possible, des programmes nationaux et, le cas échéant, régionaux économiquement efficaces visant à améliorer la qualité des émissions locales, des données sur l'activité et/ou des modèles reflétant les conditions

---

[197] Dioxyde de carbone (CO2), méthane (CH4), oxyde nitreux (N2O), hydrofluorocarbures (HFC), perfluorocarbures (PFC), hexafluorure de soufre (SF6).
[198] Article 10 du Protocole de Kyoto.

socio-économiques de chaque partie pour la préparation et la mise à jour périodique des inventaires nationaux des émissions anthropiques provenant de sources et la diminution par absorption de tous les gaz à effet de serre, non réglementés par le Protocole de Montréal, en utilisant des méthodologies qui seront adoptées après la Conférence des Parties et en conformité avec les lignes directrices pour la préparation des communications nationales adoptées par la Conférence des Parties[199] ; b) Formuler, mettre en œuvre, publier et actualiser régulièrement des programmes nationaux ou régionaux contenant des mesures visant à minimiser les changements climatiques et des mesures visant à faciliter une adaptation adéquate aux changements climatiques dans certains secteurs économiques tels que l'énergie, les transports et l'industrie, mais aussi dans l'agriculture, la foresterie et la gestion des déchets. Pour ces aspects, des obligations supplémentaires sont prévues pour les parties incluses dans l'Annexe I, de sorte qu'elles doivent transmettre des informations sur les actions entreprises en vertu du protocole. Pour les autres parties, l'obligation de rapporter ces informations est facultative[200] ; c) Coopérer pour promouvoir des modalités efficaces de développement, d'application et de diffusion et entreprendre toutes les mesures appropriées pour promouvoir, le cas échéant, le transfert ou l'accès à des technologies efficaces sur le plan de la protection de l'environnement, le savoir-faire, les pratiques et les processus pertinents pour les changements climatiques, en particulier pour les pays en développement, y compris l'élaboration de politiques et de programmes pour le transfert effectif des technologies efficaces sur le plan environnemental, qui sont des biens publics ou du domaine public, et pour créer un environnement favorable au secteur privé, dans le but de promouvoir et de développer le transfert, et donc l'accès aux technologies efficaces sur le plan de la protection de l'environnement[201] ; d) Coopérer dans le domaine de la recherche scientifique et technique et promouvoir le soutien et

[199] Article 10 alin. 1 point a. du Protocole de Kyoto.
[200] Article 10 alin. 1 point b. du Protocole de Kyoto.
[201] Article 10 alin. 1 point c. du Protocole de Kyoto.

le développement des systèmes d'observation systématique et des bases de données pour réduire les incertitudes liées au système climatique, à l'impact négatif des changements climatiques et aux conséquences économiques et sociales des différentes stratégies de réponse, ainsi que pour promouvoir le développement et le renforcement des capacités autochtones et de la capacité de participer aux efforts internationaux et intergouvernementaux, aux programmes et aux communications, aux observations systématiques et à la recherche, en tenant compte de l'article 5 de la convention[202] ;
e) Coopérer et promouvoir au niveau international et, si nécessaire, en utilisant les organismes existants, le développement et la mise en œuvre de programmes d'éducation et de formation, y compris le renforcement des capacités nationales, en particulier des capacités humaines et institutionnelles, et l'échange ou la formation du personnel pour former des experts dans ce domaine, en particulier pour les pays en développement, et faciliter au niveau national la sensibilisation du public et son accès à l'information sur les changements climatiques. Des moyens appropriés doivent être développés pour mettre en œuvre ces activités par les organismes pertinents de la convention, en tenant compte de l'article 6 de la convention[203].

Les engagements des parties

La partie la plus importante du Protocole de Kyoto est constituée par les engagements des parties de l'Annexe I, car ce sont les premières obligations concrètes internationales de réduction des émissions de gaz à effet de serre. Ainsi, selon l'article 3, paragraphe 1 du Protocole de Kyoto, "les parties figurant à l'annexe I veilleront, individuellement ou conjointement, à ce que les émissions anthropiques totales de gaz à effet de serre, exprimées en équivalent dioxyde de carbone, figurant à l'annexe A, n'excèdent pas les quantités attribuées, calculées sur la base des engagements de limitation

[202] Article 10 alin. 1 point d. du Protocole de Kyoto.
[203] Article 10 alin. 1 point e. du Protocole de Kyoto.

quantitative et de réduction des émissions figurant à l'annexe B, dans le but de réduire les émissions mondiales de ces gaz d'au moins 5 % par rapport au niveau de 1990 pendant la période d'engagement 2008-2012." En outre, le paragraphe 2 du même article établit pour chacune des parties incluses dans l'Annexe I l'obligation "de faire des progrès démontrables dans l'accomplissement des obligations qui lui incombent en vertu du Protocole d'ici 2005." Étant donné que le Protocole ne contient aucune définition de la notion de "progrès démontrables" et aucun moyen de démontrer ces éventuels progrès, cette disposition légale est considérée comme non totalement inutile, mais renforce les engagements des parties en apportant une note supplémentaire d'obligation aux responsabilités assumées[204].

L'article 3, paragraphe 5 du Protocole prévoit une possibilité de flexibilité pour certaines des parties de l'Annexe I afin d'exécuter les obligations assumées, de sorte que les parties figurant à l'Annexe I, qui sont en transition vers une économie de marché, informent la Conférence des parties, qui sert de réunion des parties au présent Protocole, de leur intention d'utiliser une année ou une période de référence autre que 1990 pour la mise en œuvre des obligations découlant de l'application de cet article[205].

Selon l'article 2, paragraphe 1, point a) du Protocole, "chaque partie figurant à l'annexe I, afin de remplir ses engagements de limitation quantitative et de réduction des émissions, mentionnés à l'article 3, et dans le but de promouvoir un développement durable, devra : a) appliquer et/ou élaborer des politiques et mesures conformément à ses circonstances nationales, telles que : (i) amélioration de l'efficacité énergétique dans les secteurs significatifs de l'économie nationale ; (ii) protection et augmentation des moyens d'absorption et des réservoirs de stockage des gaz à effet de serre, non réglementés par le Protocole de Montréal, tenant compte des engagements découlant d'accords internationaux pertinents sur l'environnement, promotion de pratiques de

---

204 C. R. Mitroi, *Regimul internațional al protecției atmosferei*, Ed. Hamangiu, București, 2019, p. 242-243.

205 Art. 3 pct. 5 du Protocole de Kyoto.

gestion durable des forêts, reboisement et afforestation ; (iii) promotion de formes durables d'agriculture à la lumière des considérations sur les changements climatiques ; (iv) recherche, promotion, exploitation et utilisation croissante de nouvelles formes d'énergie renouvelable, de technologies de capture de dioxyde de carbone et de technologies nouvelles et avancées favorables à l'environnement ; (v) élimination progressive ou élimination graduelle des distorsions de marché, encouragement fiscal, réduction des taxes et des subventions dans tous les secteurs producteurs de gaz à effet de serre et agissant en vue de réaliser les objectifs de la Convention, ainsi que mise en œuvre des instruments de marché ; (vi) encouragement de réformes appropriées dans les secteurs significatifs concernés dans la promotion des politiques et mesures limitant et réduisant les émissions de gaz à effet de serre, non réglementées par le Protocole de Montréal ; (vii) mesures de limitation et/ou de réduction des émissions de gaz à effet de serre, non réglementées par le Protocole de Montréal, dans le secteur des transports ; (viii) limitation et/ou réduction des émissions de méthane par récupération et utilisation dans la gestion des déchets, ainsi que dans la production, le transport et la distribution d'énergie ; b) coopérer avec d'autres parties similaires pour accroître l'efficacité individuelle et combinée des politiques et mesures adoptées en vertu du présent article, conformément à l'article 4, paragraphe 2e)(i) de la Convention. À cette fin, ces parties prendront des mesures pour partager leur expérience et échanger des informations sur les politiques et mesures adoptées et pour développer des moyens d'améliorer la comparabilité, la transparence et l'efficacité. La Conférence des parties, qui sert de réunion des parties au présent Protocole, devra examiner, dès sa première session ou dès que possible par la suite, les modalités de coopération, en tenant compte de toutes les informations pertinentes."

Les mécanismes de mise en œuvre

Le Protocole a institué trois principaux mécanismes flexibles destinés à atteindre les objectifs fixés : le Mécanisme de Mise en Œuvre Conjointe (Joint Implementation), le Mécanisme de

Développement Propre (Clean Development Mechanism) et le Mécanisme de Commerce des Droits d'Émission (International Emission Trading). Les trois mécanismes ont été conçus pour stimuler la réduction des émissions de gaz à effet de serre et l'évolution du changement climatique par le biais des investissements et du transfert de technologies entre les États parties, dans le but d'optimiser économiquement les efforts des États dans leur démarche, ainsi que d'inclure les pays en développement dans la stratégie de lutte et de réduction des effets négatifs de la pollution atmosphérique[206].

c. L'Accord de Paris

Adoption et objectif

Le 12 décembre 2015, 195 États parties participant à la 21e Conférence des Parties (COP 21) de la Convention-cadre des Nations unies sur les changements climatiques ont adopté l'Accord de Paris[207], dont l'objectif est de maintenir l'augmentation de la température moyenne mondiale en dessous de 2°C par rapport à l'ère préindustrielle. Parmi les raisons de l'apparition de cet accord, on peut également citer le fait que le Protocole de Kyoto, bien qu'il ait été à l'époque l'instrument juridique le plus concret et le plus cohérent dans ce domaine, a commencé à montrer ses limites malgré l'Amendement de Doha[208], par lequel la période d'engagement au titre du

---

206 M. Peeters, *Inspection and market-based regulation through emissions trading. The striking reliance on self-monitoring, self-reporting and verification*, Utrecht Law Review, nr. 1/2006, vol. 2, p. 177-195 Inspection and market-based regulation through emissions trading The striking reliance on self-monitoring, self-reporting and verification (utrechtlawreview.org) – consulté le 17.01.2024; D. Freestone, C. Streck, *Legal Aspects Of Carbon Trading*, Ed. Oxford University Press, 2009, p. 158, cité par C. R. Mitroi, op. cit., *Regimul internațional al protecției atmosferei*, p. 245-250.

207 ACORDUL DE LA PARIS (europa.eu). Voir aussi PROPUNERE DE REZOLUȚIE referitoare la Strategia UE privind adaptarea la schimbările climatice (europa.eu) – consultés le 17.01.2024.

208 L'amendement de Doha au Protocole de Kyoto, JOUE, L 207/6, 4.8.2015, AMENDAMENTUL DE LA DOHA LA PROTOCOLUL DE LA KYOTO (europa.eu) – consulté le 17.01.2024.

Protocole de Kyoto a été prolongée jusqu'en 2020. Le problème central qui a conduit, avec le temps, à l'affaiblissement de l'efficacité du Protocole de Kyoto était le système différencié des obligations assumées par les parties en fonction du stade de développement des États figurant dans les annexes de la convention et du protocole ; ainsi, certains États qui ne figuraient pas dans l'annexe I de la Convention et qui étaient exemptés des obligations de réduction des émissions de gaz à effet de serre imposées par le Protocole de Kyoto ont cessé au fil du temps d'être des pays en développement et sont devenus de grands pollueurs. Par exemple, la Chine ne figurait pas dans l'annexe I de la Convention parmi les États qui ont assumé des obligations concrètes de réduction des émissions en vertu du Protocole de Kyoto, mais au cours des dernières décennies, la Chine est devenue l'un des plus grands pollueurs aux côtés des États-Unis d'Amérique[209].

Structure

En termes de structure, l'Accord de Paris commence par un préambule de 16 paragraphes, suivi de 29 articles qui peuvent être divisés en trois parties : principes et objectifs, stratégies d'action et techniques de mise en œuvre. Dans la littérature juridique, bien que le nom d'accord puisse prêter à confusion, l'Accord de Paris n'est rien de plus qu'un protocole de la Convention-cadre des Nations unies sur les changements climatiques, comme en témoignent les références non équivoques en ce sens dans le préambule[210] et dans les articles 1[211] et 2[212] de l'Accord[213].

---

209 Dans ces circonstances, les États développés qui ont assumé des obligations dans le cadre du Protocole de Kyoto n'étaient plus disposés à accepter de limiter leurs propres émissions, tandis que d'autres États en développement, initialement exemptés de l'obligation de réduction, sont devenus d'importants émetteurs. D.G. Victor, *The collapse of the Kyoto Protocol and the Struggle to Slow Global Warming*, Princeton University Press, 2001; Failures of Kyoto will Repeat with the Paris Climate Agreement - Audio/Video - U.S. Senate Committee on Environment and Public Works. - consulté le 17.01.2024

210 LES PARTIES AU PRÉSENT ACCORD, ÉTANT parties à la Convention-cadre des Nations unies sur les changements climatiques (ci-après

Mécanismes de mise en œuvre

Les mécanismes de mise en œuvre, suivant le modèle du Protocole de Kyoto, ont été institués par l'Accord de Paris, à savoir : le transfert international d'unités de réduction des émissions de gaz à effet de serre (l'Accord de Paris reconnaît, par l'article 6 alinéa 2, la possibilité pour les parties d'atteindre leurs contributions déterminées au niveau national en utilisant des unités de réduction transférables au niveau national, permettant ainsi à un État membre d'acheter des unités de réduction d'autres États dont les contributions dépassent celles proposées. Contrairement au mécanisme similaire du Protocole de Kyoto, le mécanisme de transfert international d'unités de réduction est ouvert à toutes les parties et non seulement à

---

dénommée la "Convention"), ... EN VUE d'atteindre l'objectif de la Convention et étant guidées par ses principes, y compris le principe de l'équité, de responsabilités communes mais différenciées et des capacités respectives, en fonction des circonstances nationales diverses.

[211] Article 1 Aux fins du présent accord, les définitions de l'article 1 de la convention s'appliquent. De plus : (a) "convention" désigne la Convention-cadre des Nations unies sur les changements climatiques, adoptée à New York le 9 mai 1992 ; (b) "Conférence des Parties" désigne la Conférence des Parties à la convention ; (c) "partie" désigne une partie au présent accord.

[212] Article 2 (1) Le présent accord, contribuant à la mise en œuvre de la convention, y compris de son objectif, vise à renforcer la réponse mondiale à la menace posée par les changements climatiques, dans le contexte du développement durable et des efforts de lutte contre la pauvreté, notamment en : (a) maintenant l'augmentation de la température moyenne mondiale bien en dessous de 2 °C par rapport aux niveaux préindustriels et en poursuivant les efforts pour limiter l'augmentation de la température à 1,5 °C par rapport aux niveaux préindustriels, reconnaissant que cela réduirait considérablement les risques et les effets des changements climatiques ; ... (2) Le présent accord sera mis en œuvre pour refléter l'équité et le principe des responsabilités communes mais différenciées et des capacités respectives, en fonction des différentes circonstances nationales. ACORDUL DE LA PARIS (europa.eu) – consulté le 17.01.2024.

[213] A. Savaresi, *The Paris Agreement: A New Beginning?,* Edinburgh School of Law Research Paper No. 08/2016, p. 2. The Paris Agreement: A New Beginning? by Annalisa Savaresi :: SSRN; D. Bodansky, *The Legal Character of the Paris Agreement: A Primer*, The Legal Character of the Paris Agreement: A Primer - Opinio Juris – consultés le 17.01.2024.

certaines, comme c'était le cas dans le Protocole de Kyoto[214]) ; le mécanisme de développement durable (par l'article 6 alinéa 4 de l'Accord de Paris, les parties ont institué le Mécanisme de développement durable selon lequel, essentiellement, le pays hôte peut mettre en œuvre des projets internes conduisant à la réduction des émissions de gaz à effet de serre et transférer les crédits obtenus aux parties qui en ont besoin pour atteindre leurs contributions déterminées au niveau national[215]) ; le mécanisme de transparence renforcée (en l'absence d'un système de sanctions concrètes et dissuasives en cas de non-respect des contributions déterminées au niveau national, l'Accord de Paris a institué un mécanisme de transparence renforcée pour "créer une confiance mutuelle et promouvoir une mise en œuvre efficace" de l'Accord. L'idée sous-jacente à l'établissement de ce mécanisme était que la pression publique, qu'elle soit nationale ou internationale, pourrait contraindre les parties à respecter leurs engagements ; en vertu de ce mécanisme de transparence renforcée, les parties doivent périodiquement communiquer des informations sur les actions de réduction des émissions de gaz à effet de serre, les actions d'adaptation et le financement) ; le mécanisme d'évaluation globale périodique (toutes les obligations instituées dans le cadre du mécanisme de transparence renforcée ont été imposées précisément pour que "les informations communiquées par les parties soient utilisées dans le cadre d'un mécanisme d'évaluation globale périodique institué pour analyser périodiquement la situation de la mise en œuvre de l'accord et évaluer les progrès collectifs réalisés vers l'atteinte de l'objectif convenu").

---

[214] C. R. Mitroi, *op. cit., Regimul internațional al protecției atmosferei*, p. 265.

[215] Ce système est similaire au Mécanisme de Mise en œuvre conjointe et au Mécanisme pour un Développement Propre établis par le Protocole de Kyoto, cependant, comme le mécanisme de transfert des unités de réduction, il diffère de ceux-ci en ce qu'il peut être accessible par n'importe quelle partie. *Idem*. p.266.

d. Réglementations au niveau de l'Union européenne

Les documents internationaux précédemment analysés ont été transposés[216] dans le droit de l'Union européenne par des actes de valeur différente[217].

- La Décision du Conseil (94/69/CE) du 15 décembre 1993 concernant l'approbation, au nom de la Communauté européenne, de la Convention-cadre des Nations unies sur les changements climatiques[218], est l'acte par lequel, selon l'Article 1, "la Convention-cadre des Nations unies sur les changements climatiques, signée en juin 1992 à Rio de Janeiro, est approuvée au nom de la Communauté européenne". La décision comporte plusieurs considérants parmi lesquels nous mentionnons uniquement : "étant donné que la Communauté et ses États membres ont participé aux négociations du comité intergouvernemental de négociation créé par l'Assemblée générale des Nations unies pour élaborer une convention-cadre

---

[216] J. Klabbers, *The Reception of International Law in the EU Legal Order* în Robert Schütze and Takis Tridimas (Eds.), Oxford *Principles of European Union Law Volume 1: The European Union Legal Order*, Oxford University Press, 2018, p. 1208-1233; R. A. Wessel, *The Meso Level: Means of Interaction between EU and International Law: Flipping the Question: The Reception of EU Law in the International Legal Order*, Yearbook of European Law, Volume 35, Issue 1 / 2016, p. 533 et s.; A.-M. Şandru, D.-M. Şandru, *Reforma protecției datelor din perspectiva Consiliului Europei*, în Studii şi cercetări juridice, nr. 3/2019, p. 311-325; https://ssrn.com/abstract=3506773.

[217] M.-A. Eyl-Mazzega, *Le Green Deal européen. Défis politiques, sociétaux, géoéconomiques et géopolitiques*, în IFRI, „Ramses 2021", dossier „Le grand basculement? Santé/climat", Ed. Dunod, Paris, 2020, p. 62 et s.; P. Thieffry, *Traité de droit européen de l'environnement et du climat, 4e édition*, Editions Bruylant, Bruxelles, 2020, p. 1–9; A. Duțu-Buzura, *„Pactul verde pentru Europa" şi provocările sale. Dimensiuni juridico-instituționale*, în Studii şi Cercetări Juridice, nr. 2/2020, p. 287–303; M. Duțu, *Pactul verde pentru Europa – strategie de dezvoltare şi reper în afirmarea regimului juridic european al climei*, Studii şi Cercetări Juridice, an 10 (66), nr. 1, p.1–170, Bucureşti, ianuarie–martie, 2021, p.7 et s.

[218] JOUE, 11/vol. 8/ 132, L 033/11, eur-lex.europa.eu/legal-content/RO/TXT/HTML/?uri=CELEX:31994D0069&from=BG - consulté le 18.01.2024.

sur les changements climatiques[219] ; étant donné que, lors de la Conférence des Nations unies sur l'environnement et le développement de Rio de Janeiro, qui s'est tenue du 3 au 14 juin 1992, la Communauté et tous ses États membres ont signé la Convention-cadre des Nations unies sur les changements climatiques ; étant donné que l'objectif final de la Convention, tel que prévu à l'article 2, est de stabiliser, conformément aux dispositions pertinentes de la Convention, les concentrations de gaz à effet de serre dans l'atmosphère à un niveau qui empêche toute perturbation anthropique dangereuse du système climatique, pendant une période de temps suffisante pour que les écosystèmes puissent s'adapter naturellement aux changements climatiques, que la production alimentaire ne soit pas menacée et que le développement économique puisse se poursuivre de manière durable ; étant donné que la Convention, une fois ratifiée, engagera les pays développés et les autres parties énumérées dans l'annexe I de la Convention, à prendre des mesures pour limiter les émissions anthropiques de CO2 et d'autres gaz à effet de serre non soumis au Protocole de Montréal, afin de ramener ces émissions anthropiques à leurs niveaux de 1990, individuellement ou collectivement, d'ici la fin de la décennie actuelle ; étant donné qu'à l'occasion de la signature de la Convention, la Communauté et ses États membres ont réaffirmé l'objectif de stabilisation des émissions de CO2 d'ici l'an 2000 aux niveaux de 1990 dans l'ensemble de la Communauté, comme le mentionnent les conclusions du Conseil des 29 octobre 1990, 13 décembre 1991, 5 et 26 mai 1992 ; étant donné que toute action préventive visant à prévenir les modifications anthropiques dangereuses du climat doit être entreprise tant au niveau international qu'au niveau national ; étant donné qu'il est nécessaire que la Communauté et ses États membres deviennent parties contractantes afin que toutes les obligations prévues par la Convention puissent être correctement remplies ; étant donné que l'engagement de limiter les émissions anthropiques de CO2 prévu à l'article 4,

[219] La résolution 45/212 de l'Assemblée générale des Nations Unies en date du 19 décembre 1990 concernant la protection du climat mondial pour les générations présentes et futures.

paragraphe 2, de la Convention sera respecté par la Communauté dans son ensemble, par des actions entreprises par la Communauté et ses États membres, dans le cadre de leurs compétences respectives".

- La Décision du Conseil 2002/358/CE du 25 avril 2002 concernant l'approbation, au nom de la Communauté européenne, du Protocole de Kyoto[220] à la Convention-cadre des Nations unies sur les changements climatiques et l'accomplissement conjoint des engagements qui en découlent[221], prévoit, selon l'Article 1 : "Le Protocole de Kyoto à la Convention-cadre des Nations unies sur les changements climatiques, signé le 29 avril 1998 à New York, est approuvé au nom de la Communauté européenne". La décision comprend parmi ses considérants : "en décidant d'accomplir conjointement leurs engagements conformément à l'article 4 du Protocole de Kyoto, la Communauté et les États membres sont, en vertu du paragraphe (6)[222] dudit article et conformément à l'article 24, paragraphe (2)[223] du protocole, solidairement responsables de

---

[220] D. Moïse Tsayem, *L'avenir obscur du protocole de Kyoto*, L'Espace géographique 2012/4 (Tome 41), pp.369-373 [on-line] L'avenir obscur du protocole de Kyoto | Cairn.info, cité par V. Gamurari, C. Robu, *Protocolul de la Kyoto — principalul instrument internaţional privind schimbările climatice: prezentare generală*, Studii juridice universitare, 3–4/ 2019, DOI: 10.5281/zenodo.3875004, 41-51_5.pdf (idsi.md); Schimbari climatice (anpm.ro) - consultés le 18.01.2024

[221] JOUE, 11/vol. 27 , 220 RO Decizie - 2002/358 - RO - EUR-Lex (europa.eu); eur-lex.europa.eu/legal-content/RO/TXT/PDF/?uri=CELEX:32002D0358 - consulté le 18.01.2024.

[222] 6. Dacă părţile acţionează în comun, în cadrul şi împreună cu o organizaţie de integrare economică regională, care este ea însăşi parte la acest protocol, în eventualitatea neîndeplinirii nivelului total combinat de reducere a emisiilor, fiecare stat membru al acelei organizaţii de integrare economică regională, individual şi împreună cu acea organizaţie, acţionând în concordanţă cu prevederile art. 24, va trebui să răspundă pentru nivelul propriu de emisii care a fost notificat în conformitate cu acest articol. PROTOCOL 11/12/1997 - Portal Legislativ (just.ro) - consulté le 18.01.2024.

[223] 2. Orice organizaţie regională de integrare economică care devine parte la prezentul protocol, în care nici un membru component nu este parte, va trebui să se supună tuturor obligaţiilor cuprinse în prezentul protocol. În cazul unor astfel de organizaţii, dacă unul sau mai multe state membre sunt părţi la protocol, organizaţia şi statele membre trebuie să decidă responsabilităţile ce

l'accomplissement de l'engagement quantitatif de réduction des émissions auquel la Communauté a souscrit en vertu de l'article 3, paragraphe (1)[224] du protocole. En conséquence, et conformément à l'article 10 du Traité instituant la Communauté européenne, les États membres sont tenus, individuellement et collectivement, de prendre toutes les mesures générales ou particulières appropriées pour assurer l'accomplissement des obligations résultant des actions des institutions de la Communauté, y compris l'engagement quantitatif de réduction des émissions assumé par la Communauté en vertu du protocole, de faciliter l'accomplissement de cet engagement et de s'abstenir de toute mesure qui pourrait compromettre l'accomplissement de cet engagement ; le Conseil est parvenu à un accord sur les contributions de chaque État membre à l'accomplissement de l'engagement global de réduction de la Communauté, telles qu'elles ont été exprimées dans les conclusions du Conseil du 16 juin 1998 ; selon l'article 4, paragraphe (2) du protocole, la Communauté et ses États membres sont tenus de notifier au secrétariat institué par l'article 8 de la convention les modalités de cet accord à la date du dépôt de leurs instruments de ratification ou d'approbation. La Communauté et ses États membres sont tenus de prendre les mesures nécessaires pour permettre à la Communauté d'accomplir les obligations qui lui incombent en vertu du protocole, sans porter atteinte à la responsabilité de chaque État membre envers la Communauté et les autres États membres en ce qui concerne l'accomplissement de leurs propres engagements".

---

le revin pentru îndeplinirea obligaţiilor cuprinse în prezentul protocol. În acest caz organizaţia şi statele sale membre nu sunt îndreptăţite să îşi exercite concomitent drepturile ce le revin din prezentul protocol. PROTOCOL 11/12/1997 - Portal Legislativ (just.ro) - consulté le 18.01.2024.

[224] 1. Părţile incluse în anexa nr. I vor asigura, individual sau în comun, ca totalul emisiilor antropice de gaze cu efect de seră, exprimate în bioxid de carbon echivalent, cuprinse în anexa A, să nu depăşească cantităţile atribuite, calculate ca urmare a angajamentelor de limitare cantitativă şi de reducere a emisiei, înscrise în anexa B, şi în concordanță cu prevederile acestui articol, în scopul reducerii emisiilor globale de astfel de gaze cu cel puţin 5% faţă de nivelul anului 1990 în perioada de angajare 2008-2012. PROTOCOL 11/12/1997 - Portal Legislativ (just.ro) - consulté le 18.01.2024.

- La Décision (UE) 2016/1841 du Conseil du 5 octobre 2016 concernant l'approbation, au nom de l'Union européenne, de l'Accord de Paris adopté en vertu de la Convention-cadre des Nations unies sur les changements climatiques[225], prévoit, selon l'Article 1, que "l'Accord de Paris, adopté le 12 décembre 2015 dans le cadre de la Convention-cadre des Nations unies sur les changements climatiques, est approuvé au nom de l'Union". La décision comprend parmi ses considérants : "l'Accord de Paris remplace l'approche adoptée dans le cadre du Protocole de Kyoto de 1997 ; l'Accord de Paris établit un objectif à long terme correspondant à l'objectif de maintien de l'augmentation de la température mondiale bien en dessous de 2 °C par rapport aux niveaux préindustriels et de poursuite des efforts pour maintenir cette augmentation à 1,5 °C au-dessus des niveaux préindustriels. Pour atteindre cet objectif, les parties doivent préparer, communiquer et maintenir des contributions successives déterminées au niveau national ; en vertu de l'Accord de Paris, à partir de 2023, les parties doivent réaliser un bilan mondial tous les 5 ans, basé sur les données scientifiques les plus récentes et les données de mise en œuvre disponibles à ce moment-là, qui surveillera les progrès réalisés et analysera la situation en ce qui concerne la réduction des émissions, les adaptations réalisées et le soutien accordé, et chaque contribution successive de chaque partie doit représenter une évolution par rapport à sa contribution précédente et refléter le niveau d'ambition le plus élevé ; l'Accord de Paris est conforme aux objectifs environnementaux de l'Union, tels qu'énoncés à l'article 191 du traité, à savoir la conservation, la protection et l'amélioration de la qualité de l'environnement, la protection de la santé humaine, et la promotion au niveau international de mesures visant à contrer les problèmes environnementaux à l'échelle régionale ou mondiale, notamment la lutte contre les changements climatiques".

---

[225] JOUE, L 282/1, 19.10.2016. DECIZIA (UE) 2016/ 1841 A CONSILIULUI - din 5 octombrie 2016 - privind încheierea, în numele Uniunii Europene, a Acordului de la Paris adoptat în temeiul Convenției-cadru a Națiunilor Unite asupra schimbărilor climatice (europa.eu) - consulté le 18.01.2024.

Dans ses conclusions du 12 décembre 2019, le Conseil européen a exprimé son soutien à l'objectif d'une Union climatiquement neutre d'ici 2050, conformément aux objectifs de l'Accord de Paris, reconnaissant en même temps la nécessité d'établir un cadre favorable à cet égard, qui apporte des avantages à tous les États membres et comprend des instruments, des incitations, un soutien et des investissements adéquats pour assurer une transition efficiente, juste, équitable et socialement équilibrée, tenant compte des différentes circonstances nationales en matière de points de départ. Le 4 mars 2020, la Commission européenne a proposé la loi européenne sur le climat, en tant qu'élément important du pacte vert européen[226]. Le 17 septembre 2020, la Commission a formulé une proposition de modification de sa proposition initiale pour inclure un objectif révisé de réduction des émissions de l'UE d'au moins 55 % d'ici 2030 ; en outre, la Commission a publié une communication sur le plan pour atteindre l'objectif pour 2030 en matière de climat, accompagnée d'une évaluation d'impact complète. Dans ses conclusions des 10 et 11 décembre, le Conseil européen a approuvé un objectif obligatoire de l'UE de réduction nette interne des émissions de gaz à effet de serre d'au moins 55 % d'ici 2030 par rapport à 1990 ; le Conseil a adopté une approche générale le 17 décembre 2020, après quoi le Conseil et le Parlement ont lancé une série de trilogues en vue d'aboutir à un accord sur le texte final.

Dans l'application et la continuation des documents internationaux dans le domaine du changement climatique, l'Union européenne a adopté plusieurs actes, dont nous citons les plus représentatifs.

---

[226] A se vedea și: Comunicarea Comisiei către Parlamentul European, Consiliul European, Consiliu, Comitetul Economic și Social European și Comitetul Regiunilor, *Pactul ecologic European*, Bruxelles, 11.12.2019 COM(2019) 640 final, resource.html (europa.eu); resource.html (europa.eu) - consulté le 18.01.2024.

- Le Règlement (UE) 2021/783[227] du Parlement européen et du Conseil du 29 avril 2021 portant création d'un programme pour l'environnement et le climat (LIFE) et abrogeant le Règlement (UE) n° 1293/2013 comprend parmi ses considérants : "la législation et les politiques pertinentes de l'Union dans les domaines de l'environnement, du climat et de l'énergie ont apporté des améliorations substantielles à l'état de l'environnement. Cependant, il subsiste d'importants défis en matière d'environnement et de climat, dont la non-résolution aurait des conséquences négatives significatives pour l'Union et le bien-être de ses citoyens ; pour atteindre les objectifs et les cibles établis par la législation, les politiques et les plans en matière d'environnement, de changement climatique, et ceux pertinents en matière d'énergie, en particulier les objectifs énoncés dans la communication de la Commission du 11 décembre 2019 sur le Pacte vert européen, ainsi que les engagements internationaux de l'Union, le programme LIFE devrait contribuer à une transition équitable vers une économie durable, circulaire, économe en énergie, basée sur les énergies renouvelables, neutre en carbone et résiliente aux changements climatiques, ainsi qu'à la protection, à la restauration et à l'amélioration de la qualité de l'environnement, y compris de l'air, de l'eau et du sol, et à l'arrêt et à l'inversion du déclin de la biodiversité, notamment en soutenant la mise en œuvre et la gestion du réseau Natura 2000 et en luttant contre la dégradation des écosystèmes, soit par des interventions directes, soit en soutenant l'intégration de ces objectifs dans d'autres politiques. Le programme LIFE devrait également soutenir la mise en œuvre de programmes d'action généraux adoptés en vertu de l'article 192, paragraphe 3, du traité sur le fonctionnement de l'Union européenne (TFUE), tels que le septième programme d'action pour l'environnement et tout autre programme ultérieur d'action pour l'environnement de l'Union ; l'Union s'est engagée à promouvoir une initiative globale liée

---

[227] JOUE, L 172/53, 17.5.2021, Regulamentul (UE) 2021/ al Parlamentului European și al Consiliului din 29 aprilie 2021 de instituire a unui program pentru mediu și politici climatice (LIFE) și de abrogare a Regulamentului (UE) nr. 1293/2013 (europa.eu) - consulté le 18.01.2024.

aux objectifs de développement durable établis dans le cadre de l'Agenda 2030 des Nations unies pour le développement durable[228], qui souligne le lien intrinsèque entre la gestion des ressources naturelles pour assurer leur disponibilité à long terme et les services écosystémiques, ainsi que le lien de ces deux aspects avec la santé humaine et la croissance économique durable et socialement inclusive. À cet égard, le programme LIFE devrait refléter les principes de solidarité tout en apportant une contribution concrète tant au développement économique qu'à la cohésion sociale."

Selon l'Article 3 Objectifs du programme : (1) L'objectif général du programme LIFE est de contribuer à la transition vers une économie durable, circulaire, économe en énergie, basée sur les énergies renouvelables, neutre en carbone et résiliente aux changements climatiques, dans le but de protéger, de restaurer et d'améliorer la qualité de l'environnement, y compris de l'air, de l'eau et du sol, et d'arrêter et d'inverser le déclin de la biodiversité et de lutter contre la dégradation des écosystèmes, notamment en soutenant la mise en œuvre et la gestion du réseau Natura 2000, contribuant ainsi au développement durable. Le programme LIFE soutient également la mise en œuvre de programmes d'action généraux adoptés conformément à l'article 192, paragraphe 3, du TFUE. (2) Le programme LIFE a les objectifs spécifiques suivants : (a) développer, démontrer et promouvoir des techniques, des méthodes et des approches innovantes pour atteindre les objectifs législatifs et politiques de l'Union en matière d'environnement, y compris en ce qui concerne la nature et la

[228] În septembrie 2015, în cadrul Adunării Generale a Organizației Națiunilor Unite, mai multe țări din întreaga lume au aderat la Agenda 2030 pentru dezvoltare durabilă și la cele 17 obiective de dezvoltare durabilă (ODD). Liderii mondiali și-au declarat angajamentul pentru eradicarea sărăciei, protejarea planetei și asigurarea faptului că toți oamenii se bucură de pace și prosperitate. Agenda 2030 cuprinde cele 17 Obiective de Dezvoltare Durabilă (ODD), reunite informal și sub denumirea de Obiective Globale. Agenda 2030 pentru dezvoltare durabilă | Ministry of Foreign Affairs (mae.ro); Transforming our world: the 2030 Agenda for Sustainable Development | Department of Economic and Social Affairs (un.org); UE și Organizația Națiunilor Unite: obiective comune pentru un viitor durabil - Comisia Europeană (europa.eu) - consulté le 18.01.2024.

biodiversité, et dans les politiques climatiques, y compris la transition vers les énergies renouvelables et l'efficacité énergétique, et contribuer à la base de connaissances et à l'application des meilleures pratiques, en particulier en ce qui concerne la nature et la biodiversité, notamment en soutenant le réseau Natura 2000 ; (b) soutenir l'élaboration, la mise en œuvre, le suivi et le respect de la législation et des politiques pertinentes de l'Union dans les domaines de l'environnement, y compris la nature et la biodiversité, et des politiques climatiques, ainsi que la transition vers les énergies renouvelables ou l'efficacité énergétique, notamment en améliorant la gouvernance à tous les niveaux, en particulier en renforçant les capacités des acteurs des secteurs public et privé et en impliquant la société civile ; (c) agir comme un catalyseur pour l'utilisation à grande échelle de solutions techniques et politiques efficaces pour mettre en œuvre la législation et les politiques pertinentes de l'Union en matière d'environnement, y compris de nature et de biodiversité, et dans les politiques climatiques, ainsi que la transition vers les énergies renouvelables ou l'efficacité énergétique en reproduisant les résultats, en intégrant les objectifs connexes dans d'autres politiques et pratiques des secteurs public et privé, en mobilisant les investissements et en améliorant l'accès au financement[229].

- La Décision (UE) 2022/591 du Parlement européen et du Conseil du 6 avril 2022 concernant un programme d'action général de l'Union pour l'environnement jusqu'en 2030[230] dispose à l'Article 1 Objet : (1) La présente décision institue un programme d'action général pour l'environnement pour la période jusqu'au 31 décembre 2030 (dénommé ci-après "huitième programme d'action pour l'environnement" ou "PAE 8"). Elle établit les objectifs prioritaires du PAE 8 et identifie les conditions favorables nécessaires à la réalisation de ces

---

[229] Programul pentru mediu și politici climatice (LIFE) (2021-2027) | EUR-Lex (europa.eu) - consulté le 18.01.2024.
[230] JOUE, L 114/22, 12.4.2022, Publications Office (europa.eu) - consulté le 18.01.2024.

objectifs prioritaires. La présente décision fixe un cadre de suivi pour mesurer les progrès accomplis par l'Union et par les États membres dans la réalisation des objectifs prioritaires du PAE 8 et un mécanisme de gouvernance garantissant la réalisation de ces objectifs prioritaires. (2) Le PAE 8 vise à accélérer la transition verte vers une économie circulaire neutre en carbone, durable, non toxique, efficiente en ressources, basée sur les énergies renouvelables, résiliente et compétitive, de manière juste, équitable et inclusive, et à protéger, restaurer et améliorer l'état de l'environnement, notamment en mettant fin et en inversant la tendance à la perte de biodiversité. Il soutient et renforce une approche intégrée de la politique et de la mise en œuvre, sur la base du Pacte vert européen. (3) Le PAE 8 constitue la base de la réalisation des objectifs environnementaux et climatiques définis dans le cadre de l'Agenda 2030 des Nations unies et de ses objectifs de développement durable, ainsi que des accords multilatéraux en matière d'environnement et de climat. (4) Le cadre de suivi du PAE 8 contribue aux efforts de l'Union visant à mesurer les progrès réalisés vers la durabilité, le bien-être et la résilience. (5) Le PAE 8 repose sur le principe de précaution, les principes de l'action préventive et de la correction de la pollution à la source, ainsi que sur le principe du "pollueur-payeur"[231].

- Le Règlement (UE) 2021/1119 du Parlement européen et du Conseil du 30 juin 2021 établissant un cadre pour parvenir à la neutralité climatique et modifiant les règlements (CE) n° 401/2009 et (UE) 2018/1999 (« Loi européenne sur le climat

[231] Articolul 2 Obiective prioritare (1) Obiectivul prioritar pe termen lung al PAM 8 este ca până în 2050 cel târziu oamenii să ducă o viață bună, în limitele planetei noastre, într-o economie a bunăstării, în care nu se irosește nimic, creșterea este regenerativă, s-a atins neutralitatea climatică în Uniune și s-au redus considerabil inegalitățile. Un mediu sănătos stă la baza bunăstării tuturor oamenilor, esteun mediu în care biodiversitatea este conservată, ecosistemele prosperă și natura este protejată și refăcută, ceea ce duce la o mai bună reziliență la schimbările climatice, la dezastrele meteorologice și climatice și la alte riscuri de mediu. Uniunea stabilește ritmul eforturilor de a asigura prosperitatea generațiilor prezente și viitoare la nivel global, ghidată de responsabilitatea intergenerațională.

»)[232] comprend parmi ses considérants : la menace existentielle que représentent les changements climatiques nécessite un niveau d'ambition plus élevé et une intensification des actions climatiques de l'Union et des États membres. L'Union s'est engagée à intensifier ses efforts de lutte contre les changements climatiques et à mettre en œuvre l'Accord de Paris adopté en vertu de la Convention-cadre des Nations unies sur les changements climatiques, en se guidant sur ses principes et en s'appuyant sur les meilleures connaissances scientifiques disponibles, dans le contexte de l'objectif à long terme de température établi dans l'Accord de Paris ; Dans sa communication du 11 décembre 2019 intitulée « Pacte vert européen », la Commission a présenté une nouvelle stratégie de croissance visant à transformer l'Union en une société équitable et prospère, dotée d'une économie moderne, compétitive et efficiente en ressources, où il n'y a pas d'émissions nettes de gaz à effet de serre d'ici 2050 et où la croissance économique est dissociée de l'utilisation des ressources. Le Pacte vert européen vise également à protéger, à conserver et à renforcer le capital naturel de l'Union et à protéger la santé et le bien-être des citoyens contre les risques environnementaux et les impacts associés. En même temps, cette transition doit être juste et inclusive, sans laisser personne de côté ; le rapport spécial de 2018 du Groupe d'experts intergouvernemental sur l'évolution du climat (GIEC) sur l'impact du réchauffement climatique de 1,5°C au-dessus des niveaux préindustriels et les trajectoires d'émissions de gaz à effet de serre mondiales associées fournissent, dans le contexte de renforcement de la réponse mondiale à la menace posée par les changements climatiques, le

---

[232] JOUE, L 243/1, 9.7.2021, Regulament - 2021/1119 - EN - EUR-Lex (europa.eu). M. Duțu, M. Duțu-Buzura, *Noul cadru de acțiune juridico-instituțională europeană privind schimbarea climatică. Fundamentele dreptului UE al climei instituite prin regulamentul (UE) 2021/1119 (Legea europeană pentru climă)*, Studii și cercetări juridice, Anul 10 (66), Nr. 4 Octombrie – Decembrie 2021, Microsoft Word - 01 Sumar_ro.doc (rscj.ro); A. Duțu-Buzura, *„Pactul verde pentru Europa" și provocările sale. Dimensiuni juridico-instituționale*, Studii și cercetări juridice, Anul 9 (65), Nr. 2 Aprilie–Iunie 2020, Microsoft Word - 01 Sumar_ro.doc (rscj.ro) - consulté le 18.01.2024.

développement durable et les efforts de réduction de la pauvreté, une base scientifique solide pour lutter contre les changements climatiques et illustrent la nécessité d'intensifier rapidement les actions climatiques et de poursuivre la transition vers une économie neutre en carbone. Ce rapport confirme également que les émissions de gaz à effet de serre doivent être réduites de toute urgence et que les changements climatiques doivent être limités à 1,5°C, en particulier pour réduire la probabilité d'événements météorologiques extrêmes et la probabilité d'atteindre des points de basculement.

L'Article 1 Objet et champ d'application dispose : « Le présent règlement établit un cadre pour la réduction irréversible et progressive des émissions anthropiques de gaz à effet de serre provenant de sources et pour l'augmentation de l'absorption par les absorbants réglementés par le droit de l'Union. Le présent règlement fixe un objectif obligatoire d'atteinte de la neutralité climatique[233] dans l'Union d'ici 2050, en vue de réaliser l'objectif à long terme en matière de température prévu à l'article 2, paragraphe 1, point a), de l'Accord de Paris, et fournit un cadre pour progresser vers l'objectif global d'adaptation établi à l'article 7 de l'Accord de Paris. Le présent règlement fixe également un objectif obligatoire pour l'Union en matière de réduction nette des émissions de gaz à effet de serre d'ici 2030. Le présent règlement s'applique aux émissions anthropiques provenant de sources et à l'absorption par les absorbants de gaz à effet de serre énumérés à la partie 2 de l'annexe V du Règlement (UE) 2018/1999 ».

---

[233] Articolul 2 Obiectivul privind neutralitatea climatică dispune: (1) Cel târziu până în 2050 se asigură un echilibru la nivelul Uniunii între emisiile și absorbțiile de gaze cu efect de seră care sunt reglementate în dreptul Uniunii, astfel încât să se ajungă la zero emisii nete până la acea dată, iar Uniunea urmărește să obțină ulterior un bilanț negativ al emisiilor. (2) Instituțiile relevante ale Uniunii și statele membre adoptă măsurile necesare la nivelul Uniunii și, respectiv, la nivel național, pentru a permite îndeplinirea colectivă a obiectivului privind neutralitatea climatică prevăzut la alineatul (1), ținând seama de importanța promovării atât a echității și a solidarității între statele membre, cât și a eficienței costurilor în îndeplinirea acestui obiectiv.

e. Jurisprudence

Statistiques

Une fois le cadre juridique de ce que nous appelons aujourd'hui le contentieux climatique[234] (*Climate Change Litigation*) - défini comme "tout litige administratif ou judiciaire, fédéral, étatique, tribal ou local dans lequel les décisions du tribunal soulèvent directement et expressément une question de fait ou de droit concernant le fond ou la politique liée aux causes et/ou aux effets des changements climatiques"[235] - ont pris forme. Par conséquent, nous assistons aujourd'hui à une multiplication des procès liés à l'environnement, de sorte que les litiges judiciaires liés à la pollution de l'eau, de l'air, du sol et du sous-sol s'ajoutent et développent une nouvelle catégorie visant la qualité du climat.[236] Les statistiques montrent

---

[234] M. Duțu, M.M. Duțu-Buzura, *Introducere în dreptul climei – Regim juridic complex și o inedită disciplină științifică*, Studii și cercetări juridice, Anul 9 (65), Nr. 3 Iulie–Septembrie 2020, Microsoft Word - 01 Sumar_ro.doc (rscj.ro); M.Duțu, *Dreptul climei Regimul juridic al combaterii și atenuării încălzirii globale și adaptării la efectele schimbărilor climatice*, Ed. Universul Juridic, București, 2021, p. 93. M. Duțu, *Dreptul mediului și al climei,* vol. I, *Partea generală,* Ed. Universul Juridic, București, 2022, p. 505; C. Cournil, S. Lavorel, *Cronique annulle de droit climatique,* Revue juridique de l'environnement, 2023/2 (Volume 48), p. 353-373; Chronique annuelle de droit climatique | Cairn.info; A. Giraudat, *La fabrique d'un droit climatique,* A la Une, Actualité, Blog, Droit européen et international de l'environnement, Juin 23, 2021, La fabrique d'un droit climatique - Notre Affaire à Tous (notreaffaireatous.org) - consultés le 19.01.2024.

[235] D. Markell, J.-B. Ruhl, *An Empirical Assessment of Climate Change In the Courts: a New Jurisprudence or Business as Usual?*, în Florida Law Review, vol. 64, nr. 1, 2012, p. 29 et s. An Empirical Assessment of Climate Change In The Courts: A New Jurisprudence Or Business As Usual? (ufl.edu), cité par A. Duțu, *Dreptul climei (al schimbărilor climatice) Contenciosul ca factor de progres juridic*, Studii și cercetări juridice, an 7 (63)/2018, nr. 3, p. 333–356, București, (99+) STUDII si CERCETARI JURIDICE Nr.3/2018 | Institutul de Cercetări Juridice "Acad.Andrei Rădulescu" - Academia.edu - consultés le 19.01.2024.

[236] *Contenciosul climatic și doctrina sa. Două exemple franceze*: Christel Cournil, Leandro Varison (coord.), *Les procès climatiques. Entre national et l'international*, Editions A. Pedone, Paris, 2018, 299 p.; Judith Rochfeld, *Justice pour le climat*! Editions Odile Jacob, Paris, 2019, 201 p. (Mircea M. Duțu-Buzura), Studii și cercetări juridice, an 9 (65), nr. 1, București, ianuarie–

qu'au fil du temps, le nombre de procès liés aux changements climatiques ne cesse d'augmenter. En 2017, le rapport du PNUE et du Sabin Center for Climate Change Law indiquait que ce contentieux climatique se manifestait dans 24 pays, 25 si l'on inclut les affaires en cours devant la Cour de justice de l'Union européenne, et comprenait 654 affaires aux États-Unis et 230 dans d'autres pays, principalement en Australie, en Nouvelle-Zélande, en Espagne, en Autriche, au Royaume-Uni, en France, en Bulgarie, en Colombie, entre autres[237]. Du point de vue de la doctrine, le sujet a d'abord été abordé et commenté dans un contexte américain et australien, mais il a ensuite rapidement pénétré en Europe, en général, et en France, en particulier. À une courte distance, seulement trois ans plus tard, le rapport du PNUE sur les litiges climatiques mondiaux, 2020[238], donnait un aperçu de l'état des litiges liés aux changements climatiques à l'échelle mondiale, ainsi qu'une évaluation des tendances mondiales des litiges liés aux changements climatiques, constatant qu'une augmentation rapide des litiges climatiques avait eu lieu dans le monde entier, avec près de doublé pour atteindre 1 550 litiges liés aux changements climatiques déposés dans 38 pays. Le rapport montrait comment les litiges climatiques contraignent les gouvernements et les acteurs corporatifs à poursuivre des objectifs plus ambitieux d'atténuation et d'adaptation aux changements climatiques ; il soulignait également les tendances clés émergentes dans ces affaires, y compris le rôle des droits fondamentaux de l'homme liés à un climat sûr et les cas qui donnent vie au droit à un environnement sain que l'on trouve maintenant dans les

---

martie, 2020, p.127. Microsoft Word - Sumar_ro.doc (rscj.ro), - consulté le 19.01.2024.

[237] Rapport UNEP and Sabin Center for Climate Change Law, *The status of climate change litigation, a global review*, May 2017, p. 40; Programme des Nations Unies pour l'environnement, mai 2017 L' état du contentieux climatique - revue mondiale, The Status of Climate Change Litigation - A Global Review - UN Environment - May 2017 - FR.pdf (unep.org) - consulté le 19.01.2024.

[238] Global Climate Litigation Report: 2020 Status Review | UNEP - UN Environment Programme - consulté le 19.01.2024.

constitutions de plus de 100 pays[239]. Le rapport global sur les litiges climatiques de 2023[240] montre que les gens font de plus en plus appel aux tribunaux pour lutter contre la crise climatique ; plus précisément, depuis décembre 2022, il y a eu 2 180 affaires liées au climat déposées dans 65 juridictions, y compris des tribunaux internationaux et régionaux, des tribunaux, des organismes quasi-judiciaires ou d'autres organes judiciaires, tels que les procédures spéciales des Nations unies et les tribunaux d'arbitrage, ce qui représente une augmentation constante par rapport à 884 cas en 2017 et 1 550 cas en 2020. Le rapport constate que les enfants et les jeunes, les groupes de femmes, les communautés locales et les peuples autochtones jouent un rôle important dans le dépôt de ces affaires et dans la promotion de la réforme de la gouvernance des changements climatiques dans un nombre croissant de pays à travers le monde. La mise à jour des rapports précédents du Programme des Nations unies pour l'environnement publiés en 2017 et 2020 représente, d'abord, un aperçu de la situation actuelle des litiges relatifs aux changements climatiques et une mise à jour des tendances mondiales en matière de litiges relatifs aux changements climatiques, et ensuite, pour les juges, les avocats, les décideurs politiques, les chercheurs, les défenseurs de l'environnement, les activistes climatiques, les défenseurs des droits de l'homme (y compris les défenseurs des droits des femmes), les ONG, les entreprises et la communauté internationale, elle représente une ressource essentielle pour comprendre la situation actuelle des litiges climatiques à l'échelle mondiale, y compris les descriptions des problèmes clés auxquels les tribunaux ont été confrontés dans les litiges climatiques[241]. Le rapport a été publié à l'occasion de

---

[239] United Nations Environment Programme, Sabin Center for Climate Change Law, *Global Climate Litigation Report 2020 STATUS REVIEW*, GCLR.pdf (unep.org) - consulté le 19.01.2024.

[240] United Nations Environment Programme (2023), *Global Climate Litigation Report: 2023 Status Review*, Nairobi, global_climate_litigation_report_2023.pdf (unep.org) - consulté le 19.01.2024.

[241] Ce rapport démontre également l'importance de l'État de droit dans le domaine de l'environnement pour lutter contre la triple crise planétaire du

l'anniversaire de la reconnaissance par l'Assemblée générale des Nations unies du droit de l'homme à un environnement propre, sain et durable (A/RES/76/300), car la plupart des affaires portées devant les tribunaux montrent des liens concrets entre les droits de l'homme et les changements climatiques. Il est très probable que la résolution de l'Assemblée générale des Nations unies, reconnaissant que l'impact des changements climatiques a des implications négatives sur l'exercice de tous les droits de l'homme, conduira à des actions supplémentaires sur les changements climatiques à l'avenir[242].

Affaires

L'affaire du Massachusetts contre l'Agence de protection de l'environnement (EPA) de 2007[243] trouve son origine en 1999, lorsque 19 organisations ont demandé à l'EPA[244] de réglementer

---

changement climatique, de la perte de biodiversité et de la pollution ; l'accès à la justice permet de protéger la législation environnementale et les droits de l'homme et promeut la responsabilité au sein des institutions publiques.Global Climate Litigation Report: 2023 Status Review | UNEP - UN Environment Programme. - consulté le 19.01.2024.

[242] Raport global privind litigiile climatice: revizuirea situației din 2023 | UNEP - Programul Națiunilor Unite pentru Mediu - consulté le 19.01.2024.

[243] Massachusetts v. Environmental Protection Agency, 549 U.S. 497 (2007), US Supreme Court, QPReport (supremecourt.gov) - consulté le 19.01.2024; C. M. Kassai, *Aspecte privind rolul jurisprudenței internaționale în dezvoltarea noului drept roman*, Sesiunea anuală de comunicări științifice, Academia Română, Institutul de cercetări juridice, „Acad. Andrei Rădulescu", 10 mai 2019 București, (99+) ROLUL JURISPRUDENȚEI ÎN DEZVOLTAREA NOULUI DREPT ROMÂN | Institutul de Cercetări Juridice "Acad.Andrei Rădulescu" - Academia.edu - consulté le 19.01.2024.

[244] L'Environmental Protection Agency (EPA) est une agence gouvernementale indépendante des États-Unis chargée des questions de protection de l'environnement. Le président Richard Nixon a proposé la création de l'EPA le 9 juillet 1970. À ses débuts, l'EPA était principalement une agence de conseil qui établissait des objectifs et des normes, mais bientôt, de nouvelles lois et amendements adoptés par le Congrès ont conféré à l'agence son pouvoir réglementaire ; ainsi, une expansion majeure de ses compétences a été réalisée par le Clean Air Act, qui a été adopté en décembre 1970. Agenția pentru Protecția Mediului din SUA | APE SUA (epa.gov). A se vedea și: C. Bosso, *Environment, Inc.: From Grassroots to Beltway*, Lawrence, KS: University of Kansas Press, 2005; K.B. Brooks, ed. *The Environmental Legacy of Harry S. Truman*, Truman State University Press,

les émissions de gaz à effet de serre (GES) provenant des nouveaux véhicules automobiles. La demande était fondée sur la Section 202(a)(1) de la Loi sur la qualité de l'air (CAA)[245], qui oblige l'administrateur de l'EPA à prescrire, par règlement, des normes applicables aux émissions de tout polluant atmosphérique provenant de toute classe ou catégorie de nouveaux véhicules automobiles... qui, à son avis, causent ou contribuent à la pollution de l'air, pouvant raisonnablement être anticipée pour mettre en danger la santé ou le bien-être public.

En 2003, après avoir reçu environ 50 000 commentaires, l'EPA a rejeté la pétition, principalement au motif que la CAA ne lui conférait pas le pouvoir de réglementer les émissions de GES en raison de leur impact sur les changements climatiques. L'EPA a ensuite conclu que le lien de causalité entre les gaz à effet de serre et les températures mondiales de l'air en surface n'était pas "clairement établi" ; enfin, l'EPA a affirmé que de telles réglementations interféreraient avec l'approche large du président pour réduire les émissions de gaz à effet de serre par le secteur privé et pourraient également entraver la capacité du président à convaincre les pays en développement de réduire leurs émissions.

Le Massachusetts et onze autres États, trois villes, deux territoires des États-Unis et plusieurs groupes de protection de l'environnement sont intervenus dans le processus ; du côté de l'EPA, dix États et plusieurs groupes commerciaux liés aux automobiles et aux camions sont intervenus. L'État du Massachusetts a particulièrement soutenu qu'il craignait de

---

2009; N. Carter, *The Politics of the Environment: Ideas, Activism, Policy*, 2nd ed. Cambridge, UK: Cambridge University Press, 2007. United States Environmental Protection Agency - Wikipedia. - consultés le 19.01.2024.

[245] Clean Air Act (CAA), 42 U.S.C. §7401 et seq 42 U.S.C. § 7521(a)(1) est une loi fédérale des États-Unis conçue pour contrôler la pollution de l'air à l'échelle nationale. C'est l'une des lois environnementales modernes les plus influentes des États-Unis et l'une des lois sur la qualité de l'air les plus complètes au monde. - Massachusetts v. EPA clears the air on standing (americanbar.org). R. Meltz, *The Supreme Court's Climate Change Decision: Massachusetts v. EPA*, Wayback Machine (archive.org) - consultés le 19.01.2024.

perdre des terrains côtiers en raison du réchauffement climatique causé par les émissions[246].

L'affaire portait sur la question de savoir si les pétitionnaires avaient le droit d'introduire une telle action, et la réponse était que les pétitionnaires avaient démontré les trois conditions requises : un préjudice concret et particulier qui est réel ou imminent ; le préjudice lié à l'action du défendeur (l'EPA) et la preuve qu'une action favorable de l'EPA aiderait à réparer le préjudice. Plus précisément, la Cour suprême des États-Unis a conclu que le Massachusetts, en tant qu'État souverain, avait démontré un préjudice spécial et un lien de causalité suffisant entre ce préjudice et le défaut de l'EPA de prendre des mesures pour réglementer les gaz à effet de serre pour justifier son statut de partie prenante active. En tant que dissident, le président de la Cour suprême Roberts a conclu qu'un État souverain avait la même obligation de démontrer un préjudice particulier et concret que tout autre pétitionnaire et n'était pas convaincu qu'une décision favorable réparerait le préjudice des pétitionnaires[247].

---

[246] Les pétitionnaires étaient les États suivants : Californie, Connecticut, Illinois, Maine, Massachusetts, New Jersey, Nouveau-Mexique, New York, Oregon, Rhode Island, Vermont et Washington ; les villes : New York, Baltimore et Washington ; les territoires des Samoa américaines et des îles Mariannes du Nord ; et les organisations suivantes : le Centre pour la diversité biologique, le Centre pour la sécurité alimentaire, la Fondation pour la loi sur la conservation, les avocats de l'environnement, la Défense de l'environnement, les Amis de la Terre, Greenpeace, le Centre international d'évaluation technologique, le Trust national pour l'environnement, le Conseil de défense des ressources naturelles, le Sierra Club, l'Union des scientifiques préoccupés par la recherche d'intérêt public aux États-Unis. Aux côtés de l'EPA se trouvaient : l'Alliance des constructeurs automobiles, l'Association nationale des concessionnaires automobiles, l'Association des constructeurs de moteurs, l'Association des constructeurs de camions, le Groupe de litiges CO2, le Groupe de réglementation de l'air utilitaire et les États du Michigan, de l'Alaska, de l'Idaho, du Kansas, du Nebraska, du Dakota du Nord, de l'Ohio, du Dakota du Sud, du Texas et de l'Utah. *Mr. Mass v. EPA: An Interview with the Man Who Put Climate Change on America's Legal Map*, September 30, 2010, Mr. Mass v. EPA: An Interview with the Man Who Put Climate Change on America's Legal Map » Yale Climate Connections, - consulté le 19.01.2024.

[247] Cependant, la cause a renforcé la charge du requérant de prouver l'existence d'un préjudice concret et particulier pour établir sa qualité.

Face à l'appréciation de l'EPA selon laquelle son pouvoir réglementaire sur les changements climatiques globaux n'était pas suffisant pour aider réellement les demandeurs, le juge Stevens a répondu que l'inaction de l'agence pourrait produire des effets cumulatifs avec le temps et que, pour être un demandeur, l'État n'aurait pas besoin de démontrer qu'une seule action remédierait à ses problèmes. De plus, Stevens a soutenu que la réglementation de l'EPA sur les gaz à effet de serre aurait un impact significatif en raison de la quantité énorme de dioxyde de carbone émis par le secteur des transports aux États-Unis.

Face aux arguments de l'EPA[248] selon lesquels la CAA ne lui donnait pas le pouvoir d'agir pour remédier à ce problème ; que le dioxyde de carbone n'était pas un polluant atmosphérique[249] au sens de la loi fédérale et, en outre, même s'il constituait un polluant atmosphérique légal, l'EPA ne pourrait pas le réglementer car une telle réglementation entrerait en conflit avec les priorités du président[250] ; la réglementation des émissions de dioxyde de carbone provenant des véhicules automobiles se chevaucherait inévitablement avec le rôle du département des transports qui établit les normes de consommation de carburant, les réponses du jugement étaient : la définition du polluant atmosphérique, en vertu de la loi sur l'air pur, incluait tous les types de composés aéropolluants, y compris les gaz à effet de serre ; conformément aux dispositions

---

Massachusetts v. EPA clears the air on standing (americanbar.org); 05-1120P.ZD1 (cornell.edu) - consulté le 19.01.2024.

[248] L'administrateur de l'EPA a soutenu que d'autres actions étaient déjà entreprises pour accroître l'efficacité énergétique des voitures et que (en 2003) les recherches scientifiques étaient encore en cours. Ainsi, l'administrateur de l'EPA a décidé de ne pas réglementer "à ce stade". Une des raisons pour lesquelles l'administrateur de l'EPA a refusé de réglementer le dioxyde de carbone est l'incertitude quant à savoir si les émissions de dioxyde de carbone causées par l'homme contribuent au réchauffement climatique. Massachusetts v. EPA - Wikipedia - consulté le 19.01.2024.

[249] La définition de la loi sur les polluants atmosphériques fait référence à "tout agent de pollution de l'air ou à une combinaison de tels agents, y compris tout agent physique, chimique, biologique, radioactif ... substance ou matière qui est émise ou entre autrement dans l'air environnant, ..."

[250] Wayback Machine (archive.org); Massachusetts v. EPA - Wikipedia - consulté le 19.01.2024.

légales sur la révision de la loi, les tribunaux pourraient annuler les décisions de l'EPA si elles étaient jugées "arbitraires, ou non conformes à la loi de toute autre manière", indépendamment des conflits avec les priorités du président. Le juge Stevens a rédigé l'opinion majoritaire[251], soutenant l'inquiétude du Massachusetts selon laquelle le refus de l'EPA de réglementer les émissions de dioxyde de carbone pourrait entraîner des dommages pour les villes côtières du Massachusetts, en raison de l'élévation du niveau de la mer : "Compte tenu de l'échec de l'EPA à contester l'existence d'un lien de causalité entre les émissions de gaz à effet de serre d'origine humaine et le réchauffement climatique, son refus de réglementer de telles émissions contribue au moins aux préjudices du Massachusetts."[252]

L'affaire Urgenda Foundation contre les Pays-Bas[253] a marqué une contribution majeure de la jurisprudence à la reconnaissance et à la caractérisation du droit de l'environnement, en général, et du droit des changements climatiques, en particulier, au niveau européen. La décision du tribunal néerlandais du 24 juin 2015, prononcée dans l'affaire intentée par Urgenda[254] contre les Pays-Bas, a été un tournant dans la lutte contre le changement climatique.

---

[251] 05-1120P.ZO (cornell.edu) - consulté le 19.01.2024.

[252] L. Slobodian, *Defending the Future: Intergenerational Equity in Climate Litigation*, THE GEORGETOWN ENVTL. LAW REVIEW (Vol. 32:569, 2020), Defending the Future: Intergenerational Equity in Climate Litigation (georgetown.edu); J. Hari, N. S.R. Naiborhu, *Access To Justice for Intergenerational Equity as Judicial Remedy for Climate Change Litigation,* ICILS 2022, July 27-28, Semarang, Indonesia, DOI 10.4108/eai.27-7-2022.2342428; D. Markell, J.B. Ruhl, *An Empirical Assessment of Climate Change In The Courts: A New Jurisprudence Or Business As Usual?*, 64 Fla. L. Rev. 15/ 2012, http://scholarship.law.ufl.edu/flr/vol64/iss1/2 - consultés le 19.01.2024.

[253] C/09/456689/HA ZA 13-1396; Hague District Court, 24 June 2015, A. Duțu, *Dreptul climei (al schimbărilor climatice) Contenciosul ca factor de progres juridic*, Studii și cercetări juridice, Anul 7 (63), Nr. 3 Iulie – Septembrie 2018, p. 151 et s. https://www.academia.edu/38453472/STUDII_si_CERCETARI_JURIDICE_Nr.3_2018 – consulté le 19.01.2024.

[254] M. Fermeglia, R. Luporini, *'Urgenda-Style' Strategic Climate Change Litigation in Italy: A Tale of Human Rights and Torts?*, Chinese Journal of

La plaignante dans cette affaire était la Fondation Urgenda, fondée en 2008, dont l'objectif principal était de stimuler la transition vers une société durable et un développement durable, notamment par des actions de protection de l'environnement. Le défendeur dans cette affaire était le ministère de l'Environnement et de l'Infrastructure des Pays-Bas, en tant que représentant de l'État néerlandais. En 2012, la Fondation Urgenda a envoyé une lettre au gouvernement néerlandais lui demandant d'agir pour atteindre une réduction des émissions de gaz à effet de serre (GES) aux Pays-Bas de 40% par rapport aux niveaux de 1990 ; le secrétariat d'État chargé de l'infrastructure et de l'environnement a répondu que le pays visait un objectif de réduction des émissions de GES d'ici 2050 dans un cadre à la fois international et européen, et ne pouvait donc pas prendre seul la décision d'augmenter l'objectif de réduction des émissions pour 2020. En réponse, Urgenda et 886 citoyens néerlandais ont porté l'affaire devant les tribunaux pour déterminer si l'État avait agi illégalement en ne poursuivant pas une politique climatique à court terme plus ambitieuse.

Par la décision du 24 juin 2015, la chambre commerciale du tribunal de district de La Haye a condamné l'État néerlandais à garantir que son volume d'émissions de GES serait inférieur de 25% à celui de 1990 d'ici 2020.

Les plaignants se sont appuyés sur les derniers rapports du Groupe d'experts intergouvernemental sur l'évolution du climat (GIEC), qui indiquaient que les changements climatiques étaient principalement causés par les émissions anthropiques de gaz à effet de serre dans l'atmosphère, pour invoquer les engagements internationaux et européens des Pays-Bas en matière climatique et obliger le gouvernement à les respecter et à aller plus loin dans les actions et les objectifs de réduction des GES, conformément aux obligations extranationales qui leur incombaient. Les pays développés, mentionnés dans la liste A de l'annexe I de la Convention-cadre des Nations unies sur les changements climatiques, y compris les Pays-Bas, se sont

---

Environmental Law 7 /(2023), p. 245–260, (PDF) 'Urgenda-Style' Strategic Climate Change Litigation in Italy: A Tale of Human Rights and Torts? (researchgate.net) – consulté le 19.01.2024.

engagés au niveau international à réduire leurs émissions de 25 à 40% par rapport aux niveaux de 1990, au plus tard en 2020 ; cependant, les Pays-Bas ont décidé de réduire leurs émissions de 17% d'ici 2020, conformément aux engagements pris par l'Union européenne.

En défense, l'État a d'abord invoqué l'absence de qualité procédurale active de la plaignante, affirmant qu'elle ne pouvait pas avoir une telle qualité étant donné que son action visait à protéger les droits et intérêts des générations actuelles et futures, y compris dans d'autres pays. De plus, le défendeur a soutenu qu'il n'existait aucune obligation légale, tant dans le droit interne que dans le droit international, imposant à l'État de prendre des mesures pour réduire les émissions de gaz à effet de serre au niveau demandé par la plaignante, et de toute façon, les obligations découlant des réglementations internationales ne pouvaient être opposées qu'aux États et n'avaient pas d'effet direct, de sorte que les personnes ne pouvaient pas se fonder directement sur ces dispositions devant les tribunaux nationaux. L'État néerlandais a également souligné que l'admission de l'action de la plaignante constituerait une violation du principe de séparation des pouvoirs de l'État, car le pouvoir judiciaire obligerait les autres institutions à légiférer en faveur des mesures de réduction des émissions demandées[255].

Aux défenses de l'État, la cour a raisonné de la manière suivante :

1. La qualité procédurale active de la Fondation Urgenda pour agir au nom de ses membres n'a pas été contestée, car le code civil prévoit qu'une association ou une fondation peut agir en justice pour protéger un intérêt général ou collectif, tant que les statuts de l'association ou de la fondation le prévoient, ce qui est le cas pour la demanderesse.

2. En partant de la garantie non contestée du droit à un environnement sain dans la législation nationale, les tribunaux nationaux, sur la base de l'effet réflexe de la Convention-cadre des Nations unies sur les changements climatiques, du

---

255 ENG-Dutch-Supreme-Court-Urgenda-v-Netherlands-20-12-2019.pdf – consulté le 19.01.2024.

Protocole de Kyoto, du principe sic utere tuo[256], de la Convention européenne des droits de l'homme et de la jurisprudence pertinente, peuvent déterminer le degré d'appréciation de l'État dans la manière concrète de respecter l'obligation de garantir le droit à un environnement sain en ce qui concerne les émissions et le niveau de protection qui doit être offert.

3. La représentation par la demanderesse des intérêts et des droits des générations futures est correcte, compte tenu du principe d'équité intergénérationnelle consacré dans le rapport Brundtland et de l'article 2 de la Convention-cadre des Nations unies sur les changements climatiques. Ainsi, le tribunal a retenu que le concept de "société durable" mentionné dans les statuts de la demanderesse a, en plus de sa dimension internationale, une dimension intergénérationnelle, de sorte que la demanderesse peut représenter également les droits et les intérêts des générations futures[257].

4. Le faible niveau de contribution des Pays-Bas aux émissions mondiales de gaz à effet de serre par rapport à d'autres États n'affecte en rien l'obligation de prendre les mesures de précaution nécessaires dans le cadre de l'obligation positive de l'État de protéger l'environnement, car il a déjà été établi par des méthodes scientifiques que toute émission de gaz à effet de serre, même minime, contribue au changement climatique.

5. Indépendamment des niveaux d'émissions de gaz à effet de serre fixés pour les États membres par l'Union européenne, chaque État a la possibilité de prendre ses propres mesures renforcées de réduction des émissions de gaz à effet de serre, et

---

[256] "Sic utere tuo ut ad alienum non laedas" se traduit "Use de ton bien de manière à ne pas nuire à autrui", Expresii juridice latine « Drept MD (wordpress.com)

[257] E. Stamhuis, *A case of Judicial intervention in Climate Change Policy: The Dutch Urgenda Ruling*, Microsoft Word - 3 Stamhuis.docx (wgtn.ac.nz), https://www.victoria.ac.nz/__data/assets/pdf_file/0010/1244881/Stamhuis.pdf - consulté le 19.01.2024; N. S. Efthymiou, J. C. de Wit, *The Role of Dutch Courts in the Protection of Fundamental Rights*, Utrecht Law Review, 9/2013, p. 75, 77-81; M. Claes, *The Primacy of EU Law in European and National Law*, in Anthony Arnull and Damian Chalmers (eds) *The Oxford Handbook of European Union Law*, Oxford University Press, Oxford, 2015, p.178.

cela ne peut pas constituer une violation du droit de l'Union européenne.

6. Le principe de la séparation des pouvoirs dans l'État ne suppose pas une séparation complète et hermétique de ces pouvoirs, mais établit plutôt un moyen de contrôle et de censure de ces pouvoirs, en assurant l'équilibre nécessaire entre ces pouvoirs de l'État ; le pouvoir judiciaire assure l'interprétation et l'application des normes de droit, dans un cas particulier, même si l'une des parties à ce litige est l'État, et la décision des tribunaux est légale et non politique, même si cette décision peut avoir certaines conséquences politiques[258].

Tenant compte de tous les arguments exposés, le tribunal a conclu que les mesures de réduction des émissions de gaz à effet de serre prises par l'État néerlandais ne respectaient pas les normes imposées par les réglementations internationales et les constatations scientifiques actuelles nécessaires pour maintenir l'augmentation de la température mondiale à 2 degrés Celsius. Par conséquent, le tribunal a admis l'action de la demanderesse et a ordonné à l'État néerlandais de prendre des mesures pour réduire les émissions de gaz à effet de serre d'au moins 25% d'ici 2020 par rapport au niveau de 1990[259]. Ainsi, le tribunal de La Haye a estimé que l'État devait agir de manière plus efficace sur son propre territoire afin d'empêcher les conséquences irréversibles du dérèglement climatique pour l'environnement et l'humanité. Cette décision a été considérée comme un progrès majeur dans la promotion d'une "justiciabilité climatique", car elle permet d'introduire la problématique des changements climatiques dans les prétoires. De plus, elle est un exemple de la façon dont, avant l'apparition de nouveaux concepts et

---

[258] C. R. Mitroi, *op. cit., Regimul internațional al protecției atmosferei*, p.269-272.

[259] ENG-Dutch-Supreme-Court-Urgenda-v-Netherlands-20-12-2019.pdf – consulté le 19.01.2024. C. R. Mitroi, op. cit. *Regimul internațional al protecției atmosferei*, p.275. A. Duțu, *Dreptul climei (al schimbărilor climatice) Contenciosul ca factor de progres juridic*, Studii și cercetări juridice, Anul 7 (63), Nr. 3 Iulie – Septembrie 2018, p. 151 et s. https://www.academia.edu/38453472/STUDII_si_CERCETARI_JURIDICE_Nr.3_2018 – consulté le 19.01.2024; O. van Geel, *Urgenda and Beyond:The past, present and future of climate change public interest litigation*, în Maastricht University Journal of Sustainability Studies, vol. 3/2017, pp. 56–72.

mécanismes juridiques, il est possible de mobiliser et de valoriser les ressources conceptuelles déjà disponibles, en les approfondissant et en les adaptant pour rendre la problématique climatique justiciable. Parmi les éléments de nouveauté apportés par la décision dans l'affaire Urgenda, mentionnons tout d'abord la considération comme recevable de la demande déposée par l'organisation non gouvernementale au nom à la fois des générations présentes et futures, puis la précision de l'obligation incombant à l'État néerlandais en matière de politique climatique sous la forme d'un "devoir de vigilance" (duty of care)[260].

Des causes précédemment analysées, nous pouvons déduire plusieurs idées pertinentes ; tout d'abord, les difficultés évidentes à établir le lien de causalité entre l'action/l'inaction de l'État et les dommages causés par l'impact négatif des changements climatiques ; ensuite, une autre source de difficulté provient de l'utilisation, dans la preuve, d'analyses et d'arguments riches et complexes à la fois sur le plan scientifique (références à de nombreux rapports scientifiques en la matière) et juridique (références à de nombreux textes légaux) ; enfin, les brèches de plus en plus fréquentes et significatives réalisées à ces occasions, souvent à l'initiative des avocats, mais aussi avec la collaboration des juges, dans l'arsenal juridique traditionnel, par des solutions innovantes et adaptées, grâce à l'interprétation des textes légaux en vigueur à la lumière des particularités de la problématique écologique et climatique[261]. Il convient de noter que, si au début des années 2000, les actions climatiques intentées contre les entreprises et les autorités publiques étaient motivées par des demandes de réparation avec indemnisation des dommages, les demandeurs ne sont plus exclusivement engagés dans une telle perspective contentieuse. Cela peut s'expliquer par la recherche de dépassement de la difficile preuve de l'établissement du lien de causalité entre le dommage climatique subi par le demandeur et

---

260 A. Duțu, *Dreptul climei (al schimbărilor climatice) Contenciosul ca factor de progres juridic*, Studii și cercetări juridice, Anul 7 (63), Nr. 3 Iulie – Septembrie 2018, p. 151 et s.
https://www.academia.edu/38453472/STUDII_si_CERCETARI_JURIDICE_Nr.3_2018 – consulté le 19.01.2024.

261 J. Hari, N. S.R. Naiborhu, *Access To Justice for Intergenerational Equity as Judicial Remedy for Climate Change Litigation,* ICILS 2022, July 27-28, Semarang, Indonesia, 2023, DOI 10.4108/eai.27-7-2022.2342428, ICILS 2022 - EUDL; eai.27-7-2022.2342428 (eudl.eu) – consulté le 19.01.2024.

l'action de l'État ou de l'entreprise. Les ONG cherchent constamment à repousser les limites de ces premières demandes contentieuses ; leur objectif principal est surtout de mettre fin aux mesures publiques qui aggravent les changements climatiques ou de demander l'adoption et la mise en œuvre de mesures plus ambitieuses en matière d'atténuation et/ou d'adaptation aux changements climatiques[262].

En conclusion, considéré comme une "véritable révolution judiciaire mondiale", le contentieux climatique représente un défi majeur pour le développement du droit, en général, et celui de l'environnement, en particulier. Un des pionniers de ce domaine, le doyen Georges Vedel, membre de l'Académie française, défenseur de l'État français dans l'affaire Amoco Cadiz c. Standard Oil of Indiana (Chicago, 1992), écrivait, il y a un quart de siècle, "À l'horizon, se profile un partenaire jusqu'alors absent et qui est l'humanité elle-même, menacée dans le détail, si l'on peut dire, par un cumul d'accidents localisés et en bloc par une dévastation de l'atmosphère et de la mer libre. La norme juridique devra intégrer cette dimension"[263].

---

[262] A. Duțu, *op. cit., Dreptul climei (al schimbărilor climatice) Contenciosul ca factor de progres juridic*, p. 151 et s.

[263] *Contenciosul climatic și doctrina sa. Două exemple franceze*: Christel Cournil, Leandro Varison (coord.), *Les procès climatiques. Entre national et l'international*, Editions A. Pedone, Paris, 2018, 299 p.; Judith Rochfeld, *Justice pour le climat*!, Editions Odile Jacob, Paris, 2019, 201 p. (Mircea M. Duțu-Buzura), Studii și cercetări juridice, an 9 (65), nr. 1, București, ianuarie–martie, 2020, p.127. Microsoft Word - Sumar_ro.doc (rscj.ro), - consulté le 19.01.2024.

Chapitre II Changements climatiques - un sujet controversé

Section 1. Changements climatiques ou glaciations?

Généralités sur les glaciations

Définitions

Selon la définition du dictionnaire, la glaciation est un processus de développement intense des glaciers sur de vastes étendues de la terre, qui s'est manifesté au précambrien, au carbonifère, au permien et au quaternaire[264]. Plus clairement, la glaciation (ou ère glaciaire) est une période prolongée de refroidissement de la surface et de l'atmosphère de la Terre, résultant de la présence ou de l'extension des calottes glaciaires et des glaciers alpins. Par conséquent, le climat de la Terre alterne entre des périodes glaciaires et des périodes interglaciaires, pendant lesquelles il n'y a pas de glaciers sur la planète[265] ; les périodes de refroidissement climatique pendant une ère glaciaire sont appelées périodes glaciaires (glaciations, étapes glaciaires), tandis que les périodes chaudes intermittentes pendant une ère glaciaire sont appelées interglaciaires ou

---

[264] Pendant la glaciation quaternaire (les derniers 2,6 millions d'années jusqu'à aujourd'hui), il y a eu plusieurs périodes glaciaires et interglaciaires. Ceux des 400 000 dernières années ont été : Glaciation Menap (appelée Günz dans la région des Alpes) - environ 400 000 à 340 000 ans avant le présent ; Interglaciation Cromer (Günz-Mindel) - environ 340 000 à 320 000 ans avant le présent ; Glaciation Elster (Mindel) - environ 320 000 à 240 000 ans avant le présent ; Interglaciation Holstein (Mindel-Riss) - vers 240 000 avant le présent ; Glaciation Saale (Riss) - environ 239 000 à 130 000 ans avant le présent ; Interglaciation Eem (Riss-Würm) - environ 130 000 à 115 000 ans avant le présent ; Glaciation Vistula (Würm) - environ 115 000 à 11 000 ans avant le présent ; Interglaciation Flandric (Nouvelle Interglaciation) - à partir d'environ 11 000 avant le présent (correspond à l'Holocène). *Micul dicționar enciclopedic*, Ed. Enciclopedică Română, București, 1972, p.414; Glaciațiune - Wikipedia - consulté le 20.01.2024.

[265] J. Ehlers, P. Gibbard, *Quaternary Glaciation*, în: Singh, V.P., Singh, P., Haritashya, U.K. (eds) *Encyclopedia of Snow, Ice and Glaciers, Encyclopedia of Earth Sciences Series*, Springer, Dordrecht, 2011, https://doi.org/10.1007/978-90-481-2642-2_423; Quaternary Glaciation | SpringerLink - consulté le 20.01.2024.

interstades[266]. Selon la glaciologie[267], l'ère glaciaire implique la présence d'étendues de glace dans l'hémisphère nord et sud, ce qui signifie que la Terre se trouve actuellement dans une période interglaciaire - l'Holocène. Pendant les périodes glaciaires, il y a eu des intervalles plus froids (stades) et des intervalles plus chauds (interstades) ; le dernier stade avant l'Holocène chaud dans lequel nous vivons maintenant était le Dryas Récent. Pendant le stade Vistulien de la glaciation, la température moyenne dans l'hémisphère nord était de 4 à 5°C plus basse qu'aujourd'hui.

En plus des stades et des interglaciaires, des phases plus courtes de refroidissement et de réchauffement ont été découvertes ; plus précisément, le géologue marin Hartmut Heinrich[268] a établi un lien entre les couches de sédiments grossiers dans les échantillons prélevés sur le fond des océans et la formation intensive d'icebergs ; ces phases de

---

[266] J.L. Bamber, A. Rivera, *A review of remote sensing methods for glacier mass balance determination*, Global and Planetary Change, 59(1–4)/ 2007, p.138–148; R. Bhambri, T. Bolch, *Glacier mapping: a review with special reference to the Indian Himalayas*, Progress in Physical Geography, 33(5)/ 2009, p.672–704; L.H.. Cox, R.S. March, *Comparison of geodetic and glaciological mass-balance techniques*, Gulkana Glacier, Alaska, USA. *Journal of Glaciology*, 50(170)/2004, 363–370. geokniga-encyclopediaofsnowicean.pdf - consulté le 20.01.2024.

[267] La glaciologie est l'étude des glaciers, continentaux ou flottants, ou de manière plus générale, c'est l'étude de la glace et de tous les phénomènes naturels impliquant l'existence de la glace (le terme "glaciologie" dérive des mots "glacies", qui signifie glace en latin, et "logos", qui signifie science en grec ancien). La glaciologie est l'une des nombreuses sciences interdisciplinaires de la Terre, comprenant la géologie, la géophysique, la géographie, la physique, la géomorphologie, la climatologie, la météorologie, l'hydrologie, la biologie et l'écologie. L'impact des glaciers sur les êtres humains ajoute à cette liste de sciences la géographie humaine et l'anthropologie. Glaciologie - Wikipedia - consulté le 20.01.2024.

[268] Hartmut Heinrich (né le 5 mars 1952 à Northeim) est un géologue et climatologue marin allemand qui travaille depuis le 1er octobre 2017 en tant que consultant indépendant en climat, adaptation aux changements climatiques et environnement (consultance maritime 10°E). Hartmut Heinrich - Wikipedia. Voir aussi H. Heinrich, *Origin and consequences of cyclic ice rafting in the northeast Atlantic Ocean during the past 130,000 years*, Quaternary Research, 29 (2)/ March 1988, p. 142–152. doi:10.1016/0033-5894(88)90057-9. - consulté le 20.01.2024.

refroidissement, qui ont pris son nom ("événements Heinrich"), duraient environ 750 ans. D'autre part, les carottes de glace du Groenland indiquent de courtes phases de réchauffement climatique, ainsi entre 110 000 et 23 000 ans avant le présent, 23 de ces "événements Dansgaard-Oeschger"[269] se sont produits.

L'automne où la dernière glaciation européenne est arrivée

La dernière glaciation en Europe a été un processus qui s'est déclenché très rapidement ; selon les dernières études, les chercheurs[270] sont désormais certains d'un fait tout à fait surprenant, à savoir qu'il y a 13 000 ans, l'Europe est entrée dans sa dernière glaciation en l'espace d'une seule année. Il y a 13 000 ans, le climat européen était très similaire à celui d'aujourd'hui, peut-être un peu plus froid, mais toujours dans le cadre d'un climat tempéré continental. Notre continent était presque entièrement recouvert de forêts, et malgré la présence de vestiges de la calotte glaciaire en Finlande et en Suède, l'Europe était déjà loin de l'idée d'une ère glaciaire. Le climat a

---

[269] G. Huckleberry, *Interdisciplinary and specialized geoarchaeology: A post–Cold War perspective*, Interdisciplinary and specialized geoarchaeology: A post–Cold War perspective - Huckleberry - 2000 - Geoarchaeology - Wiley Online Library; J. Woodward, G. Huckleberry, *Editorial Introduction: 25 Years of Geoarchaeology*, (99+) Editorial introduction: 25 years of Geoarchaeology | Gary Huckleberry - Academia.edu. La géoarchéologie est un domaine scientifique en développement à l'interface entre les sciences archéologiques et les sciences de la terre. W. Bebermeier, B. Schütt, *Geoarchaeology – A New Discipline*? Editorial to DIE ERDE 142, 2011, Issue 3, (99+) Geoarchaeology – A New Discipline? | Wiebke Bebermeier - Academia.edu - consulté le 20.01.2024.

[270] E.L. Andreas, *A theory for the scalar roughness and the scalar transfer coefficients over snow and sea ice*, Boundary-Layer Meteorology, 38/1987, p. 159–184; J.A.Curry, W.B. Rossow, D. Randall, J.L. Schramm, *Overview of Arctic cloud and radiation characteristics*, Journal of Climate, 9/1996, p.1731–1764; M.C.Serreze, J.D. Kahl, R.C. Schnell, *Low-level temperature inversions in the Eurasian Arctic and comparisons with Soviet drifting station data*, Journal of Climate, 5/1992, p.599–613; P. Tisler, T. Vihma, G. Müller, B. Brümmer, *Modelling of warm-air advection over Arctic sea ice*, Tellus, Series A, 60A/2008, p.775–788; J. Uotila, *Observed and modelled sea ice drift response to wind forcing in the northern Baltic Sea*, Tellus, Series A, 53A/2001, p. 112–128.

cependant changé brusquement et dramatiquement car le courant chaud du Gulf Stream, qui apportait des températures élevées de l'Équateur jusqu'au pôle Nord, s'est soudainement interrompu, faisant baisser la température en moyenne de 3 à 4 degrés Celsius, et restant ainsi pendant plus d'un millénaire. Aujourd'hui, les chercheurs sont convaincus qu'ils peuvent déterminer avec précision quand cela s'est produit ; en examinant les sédiments préservés au fond d'un lac en Allemagne, ils ont établi que la dernière période de glaciation, appelée Dryas récent, a traversé l'Europe en moins d'un an, il y a 12 679 ans, un jour d'automne.

Sous la direction du professeur Achim Brauer[271] du Centre de recherche allemand pour les géosciences à Postdam[272], les chercheurs pensent qu'un tel changement soudain a été causé par un mouvement dramatique dans les courants d'air de l'hémisphère nord. Le déroulement normal du Gulf Stream a été perturbé par l'arrivée dans l'Atlantique des eaux froides provenant de la fonte de la calotte glaciaire européenne, ce qui a entraîné le refroidissement des courants atmosphériques et la modification de la ceinture de courants chauds dans l'Atlantique

---

[271] Achim Brauer (né le 12 février 1958 à Dormagen) est un géologue allemand qui, en utilisant des carottes de forage provenant de sédiments lacustres (comme les maars de l'Eifel), a analysé l'évolution du climat terrestre ; il se concentre sur la chronologie des varves, l'analyse microfaciale, la géologie du Quaternaire, les changements climatiques abrupts et les interactions entre les humains et le climat. Dans ses travaux, il a étendu la chronologie des varves (strates d'argile) jusqu'à 22 500 ans BP (avant le présent). En 2008, lui et ses collègues ont démontré un changement climatique soudain en Europe centrale lors de la transition vers le Dryas récent (une autre période de froid à la fin du dernier âge glaciaire) il y a environ 12 700 ans, correspondant à une augmentation soudaine de la puissance du vent - d'une année à l'autre - en raison d'un changement dans le schéma de circulation, probablement dans les courants occidentaux de l'Atlantique. A. Brauer, G. Hauk, P. Dulski, D. Sigman, J. Negendank, *An abrupt wind shift in western Europe at the onset of the Younger Dryas cold period*, în: Nature Geoscience, 1/2008, p. 520–523, (PDF) An abrupt wind shift in Western Europe at the onset of the Younger Dryas cold period (researchgate.net); Achim Brauer - Wikipedia - consultés le 20.01.2024.

[272] Colaborator: GFZ (gfz-potsdam.de) - consulté le 20.01.2024.

Nord, et finalement l'installation d'une courte période glaciaire en Europe[273].

Causes des glaciations

Le scientifique serbe Milutin Milankovitch[274] a été celui qui, dans les années 30, a réalisé l'influence de la variation cyclique des paramètres de l'orbite terrestre sur les variations climatiques. Auteur de la première et de la plus importante théorie sur les variations climatiques sur Terre, Milankovitch considérait que les variations climatiques sont influencées par trois facteurs astronomiques (les cycles de Milankovitch).

Le premier de ces paramètres est l'excentricité de l'orbite de la Terre, qui fait référence au fait que l'orbite terrestre n'est pas parfaitement circulaire, mais elliptique[275], sa forme, sous l'influence d'autres corps célestes, variant entre une ellipse plus circulaire et une ellipse plus allongée ; ainsi, la distance entre la Terre et le Soleil varie selon des cycles d'environ 100 000 ans.

Un autre paramètre, l'inclinaison de l'axe terrestre par rapport au plan de l'écliptique[276] (le plan dans lequel la Terre se

---

[273] A. Nicolae, *Ultima glaciațiune din Europa a venit într-o zi de toamnă,* Ultima glaciatiune a venit intr-o zi de toamna (descopera.ro) - consulté le 20.01.2024.

[274] Milutin Milanković (né le 28 mai 1879 à Dalj, Croatie, décédé le 12 décembre 1958 à Belgrade, Yougoslavie) était un astronome, mathématicien et climatologue serbe, membre de l'Académie des sciences et des arts de Serbie (à partir de 1924), professeur et directeur de l'Observatoire astronomique de Belgrade. Milanković est considéré comme l'un des plus grands astronomes, climatologues et mathématiciens serbes, ayant réalisé des travaux fondamentaux dans le domaine de la mécanique analytique, de l'astronomie céleste, de la théorie des atmosphères planétaires et des variations climatiques. *Oxford Dictionary of Scientists*, Oxford University Press, Oxford, 2007; Milutin Milancovici - Wikipedia - consulté le 20.01.2024.

[275] *Elipsa* (din gr. *elleipsis* – lipsă) este o curbă plană definită ca loc geometric al punctelor pentru care suma distanțelor la două puncte fixe (numite *focarele elipsei*) este constantă. Elipsă - Wikipedia - consulté le 20.01.2024.

[276] L'écliptique : le grand cercle de la sphère céleste, résultant de son intersection avec un plan parallèle au plan de l'écliptique ; il s'agit du plan du mouvement de la Terre autour du Soleil et est formé par la ligne reliant le centre du Soleil au centre de gravité Terre-Lune et la direction de mouvement de ce centre autour du Soleil. Ainsi, l'écliptique est la trajectoire annuelle apparente du Soleil à travers les constellations du zodiaque. Le plan de

déplace autour du Soleil), varie selon des cycles d'environ 42 000 ans entre 22,1° et 24,5° ; une inclinaison plus faible entraîne des étés plus froids dans les régions polaires, de sorte que la glace hivernale ne fonde pas.

Le troisième paramètre, la précession des équinoxes[277], concerne le changement de position de l'axe terrestre dans l'espace. Actuellement, l'axe de la Terre est orienté vers l'Étoile Polaire[278], mais dans le futur, dans plus de 13 000 ans, il sera orienté vers Véga de la constellation de la Lyre. La précession fait que la Terre, à différentes phases de ce cycle, atteint son point le plus proche du Soleil (périhélie) à différentes saisons.

Certaines combinaisons de ces trois paramètres favorisent l'apparition des calottes glaciaires, lorsque les étés de l'hémisphère nord sont particulièrement froids (la plus grande distance par rapport au Soleil due à l'excentricité, le périhélie pendant l'hiver) et lorsque les hivers sont les plus chauds (la plus faible inclinaison de l'axe de la Terre), les continents nordiques étant recouverts de neige pendant une plus longue période ; la neige a un albedo[279] plus élevé que le sol, ce qui

---

l'écliptique est incliné actuellement à un angle de 23,4° par rapport au plan de l'équateur céleste, cet angle changeant en raison des phénomènes de précession et de nutation. L'écliptique croise l'équateur céleste aux points vernal et automnal et est la voie que semble suivre le Soleil dans le ciel au cours d'une année. Ecliptică - Wikipedia- consulté le 20.01.2024.

277 La précession des équinoxes représente le déplacement rétrograde des points équinoxiaux le long de l'écliptique. Ce phénomène est un effet direct du mouvement de précession de l'axe de rotation de la Terre par rapport aux étoiles fixes. Actuellement, les équinoxes se déplacent de 50,3 secondes d'arc par an, ce qui rend le phénomène très lent, et s'il maintenait cette vitesse, il se répéterait une fois tous les 25765 ans. Precesia echinocțiilor - Wikipedia - consulté le 20.01.2024.

278 Alpha Ursae Minoris est l'étoile la plus brillante de la constellation de la Petite Ourse ; elle est connue pour indiquer avec une bonne précision la direction du pôle céleste, ce qui lui a valu le nom d'Étoile Polaire. Sa distance angulaire par rapport au pôle céleste est d'environ 0°45', et en raison de son rôle crucial dans l'orientation dans l'espace, notamment dans le contexte de la navigation, toutes les civilisations ou presque lui ont donné un nom traditionnel - en français, le nom le plus connu est l'Étoile Polaire ou l'Étoile du Nord.Alpha Ursae Minoris - Wikipedia - consulté le 20.01.2024.

279 L'albédo représente la grandeur qui indique la fraction de l'énergie lumineuse incidente rayonnée de manière diffuse par un corps. L'albédo (albédo de Bond) est une valeur comprise entre 0 et 1 : un corps noir parfait,

entraîne un refroidissement supplémentaire. La variation des paramètres de l'orbite terrestre peut déclencher les cycles climatiques seulement en cas de faible concentration de dioxyde de carbone dans l'atmosphère. La fluctuation à long terme de la concentration de dioxyde de carbone ne peut pas à elle seule initier les cycles de glaciations et d'interglaciaires[280].

En plus des trois facteurs astronomiques, la formation des plaques tectoniques contribue également à l'apparition des calottes glaciaires car une prémisse des glaciations est la présence de masses continentales près des pôles de la planète sur lesquelles les glaciers peuvent se former.

Une autre cause des glaciations est l'ouverture et la fermeture de détroits maritimes ; ainsi, la séparation de l'Australie et de l'Amérique du Sud de l'Antarctique, ainsi que la formation du détroit de Tasman et du détroit de Drake par lesquels circule le courant circumantarctique, ont conduit au début du Miocène[281] à l'isolement de l'Antarctique des eaux chaudes de surface et ont préparé le terrain pour la glaciation de ce continent. Au début du Pléistocène[282], la fermeture du détroit

---

qui absorberait toutes les longueurs d'onde sans en refléter aucune, aurait un albédo nul, tandis qu'un miroir parfait, qui réfléchirait toutes les longueurs d'onde sans en absorber aucune, aurait un albédo égal à 1. Le terme albédo a été introduit en optique par Johann Heinrich Lambert (né le 26 août 1728 - décédé le 25 septembre 1777), mathématicien, physicien et astronome suisse, dans son œuvre de 1760, "Photometria". Johann Heinrich Lambert - Wikipedia, Albedo - Wikipedia - consultés le 20.01.2024.

[280] J. Ehlers, P. Gibbard, *Quaternary Glaciation*, în: Singh, V.P., Singh, P., Haritashya, U.K. (eds) *Encyclopedia of Snow, Ice and Glaciers*, *Encyclopedia of Earth Sciences Series*, Springer, Dordrecht, 2011, https://doi.org/10.1007/978-90-481-2642-2_423; Quaternary Glaciation | SpringerLink - consulté le 20.01.2024.

[281] Le Miocène est la première époque géologique de la période du Néogène et s'étend d'environ 23,03 à 5,333 millions d'années avant notre ère (Ma). Le Miocène a été nommé par le géologue écossais Charles Lyell ; le nom provient des mots grecs μείων (meīōn, "moins") et καινός (kainós, "nouveau") et signifie "moins récent" car il contient 18 % moins d'invertébrés marins modernes que le Pléistocène. Le Miocène est précédé par l'Oligocène et est suivi par le Pléistocène. Alors que la Terre passait de l'Oligocène au Miocène puis au Pléistocène, le climat a progressivement refroidi jusqu'à une série de périodes glaciaires. Miocen - Wikipedia - consulté le 20.01.2024.

[282] Le Pliocène est l'époque de l'échelle géologique qui s'est étendue de 5,333 à 2,58 millions d'années avant notre ère ; c'est la deuxième et la plus récente

de Panama[283], ainsi que la formation de l'isthme de Panama[284], ont interrompu les courants océaniques parallèles à l'équateur et ont conduit à la formation du Gulf Stream[285], qui transporte vers le pôle les masses d'eau chaude nécessaires à la formation des calottes glaciaires.

Preuves des glaciations

Il existe trois principaux types de preuves de l'existence des périodes glaciaires : géologiques, chimiques et paléontologiques.

Les preuves géologiques des périodes glaciaires se présentent sous différentes formes, telles que l'érosion et la rayure des roches, les moraines glaciaires[286], les drumlins[287], les

---

époque de la période néogène de l'ère cénozoïque. Le Pliocène succède à l'époque du Miocène et est suivi par l'époque du Pléistocène. Pliocen - Wikipedia - consulté le 20.01.2024.

[283] Le Canal de Panama est un canal important traversant l'isthme de Panama en Amérique centrale, reliant les océans Atlantique et Pacifique. Sa construction a été l'un des plus grands projets d'ingénierie jamais entrepris. W. R. Scott, *The Americans in Panama*, Statler Publishing Company, New York, NY, 1913; Canalul Panama - Wikipedia - consulté le 20.01.2024.

[284] L'isthme de Panama est la portion étroite de terre située entre la mer des Caraïbes (partie de l'océan Atlantique) et l'océan Pacifique, reliant les continents de l'Amérique du Nord et du Sud ; il s'est formé il y a environ 3 millions d'années, pendant le Pliocène. Comme d'autres isthmes, il s'agit d'un lieu d'une grande valeur stratégique et financière. Istmul Panama - Wikipedia - consulté le 20.01.2024.

[285] Le Courant du Golfe (en anglais Gulf Stream, en espagnol Corriente del Golfo) est un courant océanique chaud en surface dans le nord de l'océan Atlantique ; les océanographes le désignent sous le nom de "Courant Nord-Atlantique". Il a été signalé pour la première fois en 1513, se forme dans le détroit de Floride et traverse l'océan d'ouest en est, influençant le climat de certains pays côtiers du nord-ouest de l'Europe. Curentul Golfului - Wikipedia - consulté le 20.01.2024.

[286] Une moraine est un dépôt de matériaux alluvionnaires se présentant sous la forme d'un amas de débris (cailloux, sable, éclats de roche) et d'argile, transporté par les glaciers lors de leur mouvement ou déposé par des glaciers disparus, à l'endroit où la glace fondait ; les moraines se trouvent dans les zones terminales ou marginales d'un glacier alpin. Dans les montagnes des Carpates, les moraines indiquent la limite d'extension des anciens glaciers quaternaires. Ghizii Romaniei - Monom Bucuresti - Mic glosar de termeni montani (archive.org); Morenă - Wikipedia - consulté le 20.01.2024.

vallées glaciaires et le dépôt de sédiments glaciaires ainsi que les roches apportées par les glaciers. Les glaciations successives ont tendance à déformer et à effacer les preuves géologiques des glaciations antérieures, les rendant difficiles à interpréter. De plus, ces preuves sont difficiles à dater avec précision, c'est pourquoi les premières théories supposaient que les périodes glaciaires étaient courtes par rapport aux interglaciaires longs. La recherche sur les échantillons de sédiments et de glace a révélé la véritable situation, à savoir que les périodes glaciaires sont longues et les interglaciaires courtes.

Les preuves chimiques des périodes glaciaires consistent principalement en la variation du rapport entre différents isotopes[288] dans les sédiments et les roches sédimentaires[289], surtout océaniques. Les échantillons de glace fournissent des indicateurs climatiques pour les périodes glaciaires les plus récentes, à la fois à partir de la glace elle-même et des échantillons atmosphériques des bulles d'air incluses. Comme l'eau contenant des isotopes plus légers a une chaleur de vaporisation plus faible[290], sa proportion diminue lorsque le

---

[287] Un drumlin, du mot irlandais droimnín ("petite crête"), enregistré pour la première fois en 1833, est, dans un sens classique, une colline allongée en forme de cuiller inversée ou d'œuf à moitié enfoui formé de glace glaciaire agissant sur une moraine sous-jacente non consolidée ou broyée. Les ensembles de drumlins peuvent créer un paysage qui est souvent décrit comme ayant une "topographie de panier à œufs". J. Bryce, *On the evidences of diluvial action in the north of Ireland*, Journal of the Geological Society of Dublin, 1838, 1: 34–44; T. Bradwell, M. Stoker, R. Larter, *Geomorphological signature and flow dynamics of The Minch palaeo-ice stream, northwest Scotland*, Journal of Quaternary Science 22/2007, p.609-617.

[288] Les isotopes sont des espèces nucléaires ayant le même numéro atomique Z, mais un nombre de masse A différent (c'est-à-dire les mêmes propriétés chimiques, mais des propriétés physiques différentes). Le mot "isotope" provient du grec isos (même) et topos (place). Izotop - Wikipedia - consulté le 20.01.2024.

[289] Les roches sédimentaires sont des roches qui se forment généralement par les processus d'érosion, de transport et de dépôt des sédiments apportés par les cours d'eau. Ces roches peuvent prendre la forme de grains non liés les uns aux autres (sables) ou avoir une structure massive (grès).Rocă sedimentară - Wikipedia - consulté le 20.01.2024.

[290] La chaleur latente de vaporisation est la quantité de chaleur nécessaire à une substance pour effectuer la transformation thermodynamique de vaporisation, c'est-à-dire passer de l'état liquide à l'état de vapeur. I.

climat est plus chaud. Cela permet de comprendre les changements de température. Cependant, ces preuves peuvent être perturbées par d'autres facteurs influençant la proportion des isotopes.

Les preuves paléontologiques consistent en des modifications de la distribution géographique des fossiles. Pendant une période glaciaire, les organismes adaptés au froid se répandent à des latitudes plus basses, tandis que les organismes préférant des conditions plus chaudes disparaissent ou se retirent vers des latitudes inférieures.

Section 2. Chemtrails - une légende urbaine

Pourquoi une légende urbaine ?

Dans le monde entier, depuis des mois, voire des années, circulent divers rapports concernant les traînées anormales laissées par certains avions derrière eux[291]. Interrogés à ce sujet, les gouvernements répondent qu'il s'agit de traînées de condensation des vapeurs d'eau provenant des turbines des avions. Cependant, ces traînées de condensation se dissipent rapidement, tandis que, au contraire, les chemtrails s'étendent et restent dans le ciel pendant des heures. Les analyses effectuées sur ces traînées sont alarmantes car elles contiennent plusieurs matières biologiques : bactéries, virus, globules rouges, produits chimiques, minéraux et particules de champignons microscopiques noires, tous toxiques pour la flore et la faune, et implicitement pour l'homme[292]. C'est pourquoi nous constatons

Vlădea, *Tratat de termodinamică tehnică și transmiterea căldurii*, Ed. Didactică și Pedagogică, București,1974, p. 74-94; K. Ražnjević, *Tabele și diagrame termodinamice*, Ed. Tehnică, București, 1978. Căldură latentă de vaporizare - Wikipedia - consulté le 20.01.2024.

291 A. Nenki, *Chemtrails Controlul populației și al climei prin pulverizări chimice*, Ed. Vidia, București, 2013, p.15. The Ecologist, s u m a r i o Nº 45. AÑO XII. ABRIL – MAYO– JUNIO 2011, TheEcologist45.pdf - consulté le 21.01.2024.

292 R. Cairns, *Climates of suspicion: 'chemtrail' conspiracy narratives and the international politics of geoengineering*, The Geographical Journal, Vol. 182, No. 1, March 2016, pp. 70–84, doi: 10.1111/geoj.12116, Climates of

une augmentation inhabituelle des cas d'asthme, de maladies respiratoires, de lésions pulmonaires, de maux de gorge étranges, d'angines qui apparaissent et disparaissent aussi rapidement qu'elles sont apparues, de grippes qui ne sont pas tout à fait des grippes[293]. Nous sommes tous de plus en plus confrontés à des maladies oculaires, cutanées et internes... la liste est longue et toute perturbation de l'état de santé peut dégénérer et conduire à la mort. Face à ce phénomène, les

---

suspicion: 'chemtrail' conspiracy narratives and the international politics of geoengineering (wiley.com)
- consulté le 20.01.2024.

[293] Une étude menée par une équipe interdisciplinaire de l'Institut de Pneumoftiziologie "Marius Nasta" et de l'Académie d'Études Économiques révèle des données préoccupantes concernant les périodes où les capteurs de surveillance de la qualité de l'air enregistrent des dépassements. Ainsi, rien que pour les hospitalisations liées aux affections des voies respiratoires, le nombre augmente jusqu'à 938 ; à cela s'ajoutent les hospitalisations pour des affections cardiovasculaires et les accidents vasculaires cérébraux. L'étude "Polluants atmosphériques et leur impact sur les maladies chroniques" a été menée sur une période de cinq ans et a utilisé les données des capteurs surveillant les particules PM 2,5, PM 10. L'incidence des particules PM 2,5 et PM 10 induit un nombre moyen mensuel d'hospitalisations pour des affections respiratoires compris entre 1960 et 3825 ; une augmentation de µg/m3 de la valeur moyenne mensuelle des concentrations de PM 2,5 entraîne une augmentation du nombre moyen d'hospitalisations mensuelles pour des affections des voies respiratoires compris entre 90 et 938 hospitalisations ; autrement dit, les personnes malades se retrouvent à l'hôpital lorsque le niveau de pollution augmente. STUDIU | Spitalele din Capitală, pline cu bolnavi în perioadele când senzorii de aer „bat în roșu". 938 de internări în plus, doar pentru afecțiuni ale aparatului respirator – Buletin de București - consulté le 21.01.2024.

Les particules en suspension telles que les PM10, PM2,5, PM1 et PM0 sont définies comme des particules ayant un diamètre aérodynamique inférieur à 10, 2,5, 1 et 0,1 µm respectivement. Un micromètre (µm) équivaut à un millième de millimètre. Par conséquent, ces particules ont des dimensions extrêmement petites. Les particules en suspension, en particulier les PM2,5, affectent la visibilité en modifiant la manière dont la lumière est absorbée et diffusée dans l'atmosphère. En ce qui concerne les changements climatiques, certains constituants du mélange de PM ambiant favorisent le réchauffement climatique (par exemple, le carbone noir), tandis que d'autres ont un effet de refroidissement (par exemple, les nitrates et les sulfates), de sorte que les PM ambiantes ont à la fois des propriétés de réchauffement et de refroidissement. PM 10 și PM 2.5 - ce înseamnă și ce efecte au (stratos.ro) - consulté le 21.01.2024.

responsables ont été contraints de s'abstenir de tout commentaire ; après tant de haussements d'épaules, le sujet des chemtrails est devenu une légende urbaine.

Même au Parlement européen, cette question a été soulevée à plusieurs reprises, à différentes époques, par des parlementaires de différentes nationalités et sur des bases différentes, de la manière suivante :

- "De nombreux membres de la communauté scientifique internationale estiment que les traînées émises par les aéronefs dispersent des substances toxiques telles que l'aluminium, le baryum et le fer dans l'air et sont donc extrêmement dangereuses. La présence de ces substances dans l'atmosphère et leurs effets sur les êtres humains - provoquant des affections telles que le syndrome de Morgellons[294], qui fait déjà l'objet d'une question parlementaire (E-002906/2012) - sur la flore et la faune et, par conséquent, sur toute la chaîne alimentaire, ont été illustrés lors d'un séminaire organisé au Parlement européen en mars 2013. La Commission peut-elle expliquer comment, d'un point de vue scientifique, l'inhalation continue de métaux lourds et leur dépôt sur le sol (contaminant l'eau et les aliments) n'affectent pas négativement les efforts des 500 millions de citoyens européens pour maintenir une haute qualité de vie ? Il semble manquer des informations publiques disponibles sur les chemtrails et la géoingénierie. Les documents expliquant ce qu'est la géoingénierie ne se trouvent que sur le site du Parlement allemand. Pourquoi ce type d'informations n'est-il pas divulgué dans la plupart des États membres et par la Commission ? Quelle est l'ampleur de l'implication de l'Agence européenne pour l'environnement ? En septembre 2009[295], la

---

[294] La maladie de Morgellons est une pathologie controversée dans laquelle les patients se plaignent de : démangeaisons; sensations de piqûres et de morsures; picotements qu'ils perçoivent comme des mouvements d'insectes ou de parasites. Le seul signe objectif de la maladie est représenté par des ulcérations et la présence de fibres microscopiques sous-cutanées de couleur rouge, bleue, noire et blanche. Parfois, ces fibres peuvent être observées sur la peau sous forme d'écailles ou de taches noires de la taille d'un grain de café. Sindromul Morgellons - Socola; Morgellons - Wikipedia - consulté le 21.01.2024.

[295] "Réponse à la question posée avec demande de réponse écrite E 730/2009 adressée par Jim Higgins".

Commission a déclaré qu'elle envisageait de suivre les développements scientifiques dans ce domaine et de prendre des mesures une fois que l'impact serait mieux compris. La Commission peut-elle indiquer l'état actuel de ces développements scientifiques qu'elle suit ? En septembre 2011[296], la Commission s'est engagée à "enquêter sur l'impact de l'aviation sur le climat" et "à présenter une telle proposition dans le cadre de politiques globales de l'UE sur le changement climatique à l'avenir". La Commission peut-elle expliquer quels progrès ont été réalisés dans ces enquêtes et cette proposition ?"[297]

- "Je suis préoccupé par certaines traînées blanches laissées par des avions qui ont récemment été observées au-dessus de Bedfordshire. Ces traînées blanches sont différentes des traînées laissées par les avions normaux. Il a été suggéré que ces traînées blanches sont en fait des "chemtrails" laissées par des avions militaires lors d'opérations de l'OTAN. De plus, ces traînées auraient pu être intentionnellement laissées dans le cadre d'un plan de géoingénierie pour modifier l'environnement de la Terre afin de contrôler le réchauffement climatique par une technique qui libère des "aérosols stratosphériques" dans la haute atmosphère. La Commission ou l'Agence européenne pour l'environnement ont-elles une position sur l'utilisation d'aérosols atmosphériques dans le cadre de la géoingénierie ? La Commission est-elle au courant de toute implication de l'OTAN ou militaire dans un projet de géoingénierie lié aux aérosols atmosphériques ? Quelle menace pèse sur la santé humaine en raison de ces chemtrails ?"[298]

---

[296] "Réponse à la question posée avec demande de réponse écrite E-006621/2011 adressée par Nessa Childers

[297] Parliamentary question - E-008804/2013, European Parliament. Question for written answer E-008804-13 to the Commission, Rule 117, Matteo Salvini (EFD) Parliamentary question | Chemtrails and geo-engineering | E-008804/2013 | European Parliament (europa.eu) - consulté le 21.01.2024.

[298] Parliamentary question - E-003690/2014, European Parliament. Geoengineering and NATO exercises, 26.3.2014. Question for written answer E-003690-14 to the Commission, Rule 117, Robert Sturdy (ECR). Parliamentary question | Geoengineering and NATO exercises | E-003690/2014 | European Parliament (europa.eu) - consulté le 21.01.2024.

- "Quatre employés de l'Agence météorologique d'Espagne ont témoigné que l'Espagne est pulvérisée au niveau national par des avions dispersant du dioxyde de plomb, de l'iodure d'argent et de la diatomite dans l'atmosphère. L'objectif est de repousser la pluie et de permettre une augmentation des températures, créant ainsi un climat estival propice au tourisme, tout en profitant aux corporations du secteur agricole. Cela entraîne des cas très graves du phénomène météorologique extrême connu en espagnol sous le nom de "gota fría"[299]. Les communautés autonomes de Murcie et de Valence et la province d'Almeria sont les plus touchées, car il ne pleut pas pendant plus de sept mois, des tempêtes catastrophiques "gota fría" se produisent, et des maladies respiratoires sont causées par l'inhalation de dioxyde de plomb et d'autres composés toxiques. Ces avions décollent de l'aéroport militaire de San Javier à Murcie. La Commission peut-elle confirmer avoir reçu un rapport des météorologistes espagnols demandant qu'elle prenne position à ce sujet ? Quel est l'avis de la Commission sur cette situation ? La Commission est-elle d'avis qu'il existe des motifs commerciaux à ces actions des gouvernements, notamment en ce qui concerne les intérêts des entreprises du secteur alimentaire, des compagnies énergétiques et des industries pharmaceutiques et médicales ?"[300]

---

299 Pluie torrentielle très forte, gota fría - Wikționar, dicționarul liber (wiktionary.org) - consulté le 21.01.2024.
https://yanomiramoselcielo.wordpress.com/2015/02/16/meteorologos-espanoles-denuncian-ante-la-ue-que-espana-esta-siendo-fumigada-chemtrails-por-aviones-para-cambiar-el-clima/- consulté le 21.01.2024.

300 https://yanomiramoselcielo.files.wordpress.com/2015/01/informe-global-de-la-corrupcic3b3n_cambio-climatico.pdf
Question paelementaire - E-007937/2015, Parlamentul European. La méthode "Chemtrail" de géo-ingénierie militaire pour le changement climatique. Les risques pour l'environnement et la santé, ainsi que les motifs commerciaux pour participer aux politiques climatiques, 19.5.2015. Question posée avec demande de réponse écrite E-007937-15 adressée à la Commission, Article 130, Ramon Tremosa i Balcells (ALDE)
Întrebare parlamentară | Metoda "Chemtrail" de geoinginerie militară pentru schimbarea climei. Riscurile pentru mediu și sănătate și motivele comerciale pentru participarea la politicile climatice | E-007937/2015 | Parlamentul European (europa.eu) - consultés le 21.01.2024.

- "Les citoyens, les agriculteurs et de nombreuses organisations environnementales, tant en Europe que sur d'autres continents, manifestent un intérêt continu pour les traînées persistantes laissées dans le ciel par les avions volant à haute altitude. Les rapports sur les traînées chimiques causées par la pulvérisation de substances chimiques dans l'atmosphère dans le but de modifier le temps (géoingénierie) et de nuire à l'environnement et à la santé humaine sont particulièrement préoccupants. La Commission est-elle au courant des chemtrails et de tout cas où ils ont été utilisés dans l'UE ? La Commission a-t-elle pris des mesures jusqu'à présent pour examiner ce phénomène et évaluer son impact sur l'environnement et les citoyens de l'UE ? Comment la Commission compte-t-elle protéger les citoyens de l'UE contre de telles activités ?"[301]

A ces questions, la Commission répond : "La Commission est consciente des allégations concernant les 'chemtrails' et a répondu à plusieurs reprises à des allégations similaires émanant du public ou d'institutions (par exemple, E-002455/07 de M. Meijer et E-006621/11 de Mme Childers). Cependant, la Commission n'a trouvé aucune preuve étayant les allégations concernant les effets indésirables sur la santé humaine. La Commission est au courant de l'existence de plusieurs programmes de recherche dans lesquels de petites quantités de substances marqueurs inoffensives sont libérées pour valider les modèles de dispersion utilisés pour la protection civile (par exemple, en cas de substances chimiques accidentelles ou de libérations radioactives) ou pour les prévisions météorologiques. Il n'existe aucune preuve que ces petites libérations aient un effet indésirable sur la santé humaine. La Commission n'a connaissance d'aucune libération délibérée de substances toxiques, telles que des métaux lourds ou des agents

---

[301] Parliamentary question - E-005130/2017; Chemtrails, 28.7.2017, Answer in writing; Question for written answer E-005130-17 to the Commission, Rule 130, Michał Marusik (ENF), Parliamentary question | Chemtrails | E-005130/2017 | European Parliament (europa.eu) - consulté le 21.01.2024.

pathogènes du sol, à partir d'aéronefs ou par d'autres moyens, qui nuiraient à la santé humaine."[302]

"Les initiatives et propositions législatives de l'UE sont élaborées sur la base de preuves transparentes, complètes et équilibrées concernant la nature du problème à traiter, la valeur ajoutée de l'action de l'UE, ainsi que les coûts et les avantages des différentes options pour toutes les parties prenantes. Bien que la Commission ait reçu un certain nombre de questions parlementaires sur ce sujet (E-002455/2007, E-003730/2009, E-006621/2011, E-002906/2012, E-008804/2013, E-003690/2014, E-007937/2015), elle n'a connaissance d'aucun rapport scientifique crédible concernant les prétendus 'chemtrails' utilisés pour modifier les schémas météorologiques ou causer des dommages à l'environnement et à la santé humaine. En raison du manque de preuves nécessaires pour initier une réponse politique, aucune mesure n'a été prise et aucune analyse supplémentaire n'a été prévue."[303]

L'ensemencement des nuages

Alors que les deux tiers de la population mondiale devraient être confrontés à des pénuries d'eau d'ici 2025, des technologies innovantes sont utilisées, depuis l'ajustement des conditions météorologiques jusqu'à l'extraction de l'eau de l'air, pour aider à trouver un approvisionnement durable en eau potable pour le monde entier.

L'ensemencement des nuages est une technique de modification du temps qui améliore la capacité d'un nuage à produire de la pluie ; plus précisément, avant qu'un avion ne

---

[302] Réponse donnée par M. Potočnik au nom de la Commission, le 21.5.2012. Question parlementaire - E-002906/2012(ASW). Parlement européen. Întrebare parlamentară | Răspuns la întrebarea nr. E-002906/12 | E-002906/2012(ASW) | Parlamentul European (europa.eu) - consulté le 21.01.2024.

[303] Answer given by Mr Vella on behalf of the Commission, 4.9.2017. Parliamentary question - E-005130/2017(ASW) European Parliament. Parliamentary question | Answer to Question No E-005130/17 | E-005130/2017(ASW) | European Parliament (europa.eu) - consulté le 21.01.2024.

décolle dans le ciel, les météorologues doivent sélectionner les nuages appropriés à ensemencer - le processus ne fonctionnera que sur les nuages cumulus, en raison de leur courant ascendant d'air interne. Les pilotes positionnent leurs avions à la base du courant d'air des nuages et lancent des fusées de signalisation chargées de particules de sel hygroscopique ; alors que les particules de chlorure de sodium et de chlorure de potassium montent dans le corps du nuage, elles attirent de minuscules gouttelettes d'eau qui se combinent et grossissent, ce qui les fait tomber du ciel en raison de leur poids. Dans les régions où les précipitations sont rares chaque année, cela constitue une source précieuse d'eau, nécessitant une utilisation minimale d'énergie car une heure d'ensemencement des nuages peut produire jusqu'à 100 000 mètres cubes d'eau[304].

Que ce soit du chlorure de sodium et du chlorure de potassium, de l'iodure d'argent[305] ou de la pulvérisation d'aluminium dans le ciel, l'ensemencement des nuages a commencé dans les années 1950, après que la population, préoccupée par les sécheresses de cette époque, a demandé au gouvernement d'agir[306].

---

[304] *L'ensemencement des nuages, technique permettant de modifier le temps. Comment ça marche et à quel point cela sera utile pour la planète à l'avenir.* Însămânțarea norilor, tehnica prin care putem modifica vremea. Cum funcționează și cât de utilă va fi planetei, în viitor (euronews.ro) - consulté le 21.01.2024.

[305] La Roumanie commence à utiliser pour la première fois des générateurs terrestres pour stimuler les précipitations, dans la région de Vrancea, un département gravement touché par la sécheresse cette année. Il s'agit d'une technologie à base d'iodure d'argent, qui est utilisée avec succès dans de nombreux pays européens, ainsi qu'aux États-Unis. *E. Popa,* Începe însămânțarea norilor în România! Noua tehnologie de aducere a ploii. Ce presupune, *25 septembrie 2022, Începe însămânțarea norilor în România! Noua tehnologie de aducere a ploii. Ce presupune - Puterea.ro- consulté le 21.01.2024.*

[306] A. Nenki, *Chemtrails Controlul populației și al climei prin pulverizări chimice*, Ed. Vidia, București, 2013, p.15; S.Scholte, E. Vasileiadou, AC. and Petersen, *Opening up the societal debate on climate engineering: how newspaper frames are changing,* Journal of Integrative Environmental Sciences, 10/2013, p. 1–16; E.Showalter, *Hystories: Hysterical Epidemics and Modern* Culture, Columbia University Press, New York, 1998; T. Sikka, *A critical discourse analysis of geoengineering advocacy*, Critical Discourse Studies, 9/2012, p.163–175.

Les chemtrails ont permis, conjointement avec l'action des ondes électromagnétiques, d'agir sur l'atmosphère et de contrôler pleinement le climat ; il est connu que les pluies torrentielles, les inondations, la sécheresse, les ouragans, la neige, le verglas peuvent mettre rapidement fin à une guerre ou à un conflit et même être utilisés comme des menaces contre une population ou une région ; de même, le contrôle sur une quelconque industrie peut être facilement exercé en détruisant ou en perturbant le climat d'une région donnée[307].

Sur des bases différentes, la modification artificielle du temps par des moyens spécifiques se retrouve à la fois dans des documents internationaux et nationaux.

La Convention du 18 mai 1977 sur l'interdiction de l'utilisation à des fins militaires ou hostiles de techniques de modification de l'environnement[308] définit, à l'article 2, l'expression "techniques de modification de l'environnement" comme toute technique visant à modifier - par la manipulation délibérée des processus naturels - la dynamique ou la structure de la terre, y compris la biosphère, la lithosphère, l'hydrosphère et l'atmosphère ou l'espace extra-atmosphérique. Selon l'article 1, "Chaque État partie à la présente Convention s'engage à ne pas utiliser à des fins militaires ou hostiles de techniques de modification de l'environnement ayant des effets répandus, durables ou graves, causant des destructions, des dommages ou des préjudices à un autre État partie. Chaque État partie à cette Convention s'engage à ne pas apporter son aide, à ne pas encourager ou à ne pas inciter un autre État, un groupe d'États ou des organisations internationales à entreprendre des activités contraires aux dispositions du paragraphe 1 du présent article".

Cependant, comme indiqué dans le titre de la convention, l'interdiction ne concerne que l'utilisation à des fins militaires ou hostiles de techniques de modification de l'environnement. Selon l'article 3, "Les dispositions de la présente Convention

---

[307] A. Nenki, *Chemtrails Controlul populației și al climei prin pulverizări chimice*, Ed. Vidia, București, 2013, p.35.

[308] Bulletin Officiel, nr. 23 du 1 avril 1983, CONVENTIE 18/05/1977 - Portal Legislativ (just.ro) - consulté le 21.01.2024.

n'empêcheront pas l'utilisation de techniques de modification de l'environnement à des fins pacifiques, ne porteront pas atteinte aux principes généralement acceptés et aux règles de droit international applicables en matière d'une telle utilisation."

La loi n° 173 du 10 octobre 2008 sur les interventions actives dans l'atmosphère[309] dispose, à l'article 1, que "(1) Les interventions actives dans l'atmosphère représentent l'ensemble des activités de modification artificielle du temps par des moyens spécifiques. (2) Les activités d'interventions actives dans l'atmosphère, désignées ci-après par le terme "activités", relèvent de l'intérêt public national et se déroulent conformément aux dispositions de la présente loi et conformément aux recommandations de l'Organisation météorologique mondiale, ainsi qu'aux conventions internationales en la matière auxquelles la Roumanie est partie. (3) Les activités sont complexes, ayant un caractère de recherche et de protection opérationnelle contre les catastrophes causées par les phénomènes météorologiques dangereux ou nuisibles, dans le contexte des changements climatiques mondiaux".

L'objectif des activités est défini à l'article 2 comme suit : "a) réduire les risques liés aux phénomènes météorologiques dangereux pour la population, pour les zones économiques et les cultures agricoles (grêle, brouillard dense, tornades locales); b) augmenter les précipitations dans les zones d'intérêt du pays (pluie, neige); c) participer activement aux programmes régionaux et internationaux dans le domaine". Les activités comprennent, selon l'article 3, des actions telles que : "a) suppression de la grêle; b) augmentation locale ou étendue des précipitations, ainsi que leur uniformisation; c) dissipation du brouillard dense et du givre; d) atténuation des phénomènes météorologiques violents, tels que les tornades locales, les éclairs intenses, etc.; e) modification locale du temps; f) autres activités de modification du temps".

---

[309] Avec les modifications ultérieures apportées par l'ordonnance d'urgence n° 70 du 30 juin 2010 (publiée dans le Moniteur officiel n° 451 du 2 juillet 2010) et la loi n° 139 du 15 octobre 2014 (publiée dans le Moniteur officiel n° 758 du 20 octobre 2014). LEGE 173 10/10/2008 - Portal Legislativ (just.ro) - consulté le 21.01.2024.

L'article 5 énonce les principes et les objectifs principaux de la loi comme suit : "(1) Les principes sous-jacents à l'activité sont les suivants : a) mener l'activité de manière cohérente, unifiée, en toute sécurité, sous le contrôle d'une autorité publique centrale ; b) mener l'activité opérationnelle et/ou de recherche par des opérateurs de système, des personnes physiques ou morales, autorisés conformément à la présente loi, sur la base d'une licence d'exploitation ; c) la participation de l'État aux activités par des investissements, la gestion, la surveillance, les inspections et la garantie de la collaboration internationale dans le domaine ; d) établir un régime de collaboration avec les autres composantes de la surveillance météorologique, hydrologique et environnementale de l'État et d'autres organismes dans le domaine ; e) la surveillance par les bénéficiaires et les organisations non gouvernementales de cette activité et leur implication dans la prise de décision dans le domaine. (2) Les principaux objectifs de la loi sont : a) réglementer le domaine d'activité des interventions actives dans l'atmosphère ; b) réglementer l'administration, le financement et l'inspection des activités ; c) établir le régime juridique du droit de propriété et d'utilisation de l'infrastructure créée et des terrains utilisés pour mener ces activités ; d) réglementer les modalités de participation des bénéficiaires à ces activités ; e) réglementer les attributions des autorités publiques centrales et locales dans la réalisation des actions d'interventions actives dans l'atmosphère ; f) établir des sanctions applicables en cas de violation des dispositions de la loi, et la manière de les appliquer ; g) réglementer les modalités de participation des organismes spécialisés de la société civile à la surveillance et à la surveillance des activités d'interventions actives dans l'atmosphère ; h) réglementer les relations et les collaborations avec les organismes internationaux dans le domaine"[310].

---

[310] L'Annexe 2 de la loi comprend les définitions des termes, notamment : 1. Interventions actives dans l'atmosphère - actions visant à modifier l'état microphysique et macrophysique de l'atmosphère pour éliminer ou atténuer les effets destructeurs ou nuisibles des phénomènes météorologiques prévus ou observés à l'aide de moyens techniques et scientifiques, ou pour obtenir des conditions météorologiques favorables.

Section 3. Le guide politiquement incorrect sur le réchauffement climatique et l'écologisme[311]

Dans l'ouvrage "L'effondrement de la nature. Nier les limites de la planète", les auteurs Anders Wijkman et Johan Rockström[312] avertissent qu'une croissance économique permanente, à un rythme élevé, ne peut être soutenable du point de vue des ressources de la planète : "La population mondiale a triplé depuis la Seconde Guerre mondiale. L'économie mondiale a augmenté de plus de 10 fois et, si ce rythme de croissance se poursuit, elle augmentera de 100 fois d'ici 2100 ! Qui croit que cela est possible ?"[313] "Nous avons un besoin urgent de reconnecter les communautés - et, par elles, l'économie - à la biosphère. Dans la phase de transformation environnementale mondialisée, lorsque les sociétés humaines de l'Anthropocène ont atteint le plafond des ressources biophysiques, écologiques et naturelles de la Terre, il est absolument nécessaire d'admettre que le bien-être futur dépend de notre capacité à respecter les limites de la planète (...). Le manque de gouvernance mondiale

---

311 C. C. Horner, *Ghidul incorect politic, despre încălzirea globală şi ecologism*, Ed. Contra Mundum, Bucureşti, 2020.

312 Anders Wijkman (né le 30 septembre 1944 à Stockholm) est un consultant de haut niveau à l'Institut de l'Environnement de Stockholm (Suède) et vice-président du Club de Rome. Il a été membre du Parlement suédois, du Parlement européen, de l'Académie royale des sciences de Suède et de l'Académie mondiale des arts et des sciences ; il a été secrétaire général adjoint des Nations unies et directeur des politiques du Programme des Nations unies pour le développement. Anders Wijkman - Wikipedia

Johan Rockstrom (né le 31 décembre 1965) est professeur de gestion des ressources naturelles à l'Université de Stockholm et directeur exécutif du Centre de résilience de Stockholm ; il est mondialement reconnu comme un érudit dans le domaine de la durabilité.Johan Rockström - Wikipedia – consulté le 20.01.2024.

313 Ed. Compania, Bucureşti, 2013, p.45. Voir aussi M. Liyakat, R. Hassan, *Climate change – myth or reality: a critical analysis of mainstream English dailes of India*, International Journal of Research in Humanities, Arts and Literature, Vol. 7, Issue 3, Mar 2019, 145-158, CLIMATE CHANGE-MYTH OR REALITY: A CRITICAL ANALYSIS OF MAINSTREAM ENGLISH DAILIES OF INDIA | Request PDF (researchgate.net) – consulté le 20.01.2024.

pour faire face à toute une série de problèmes internationaux est extrêmement grave"[314].

Toutes ces prévisions sombres ne sont pas partagées par tous les scientifiques, peut-être parce que dans ce domaine règne une étrange imprécision, basée précisément sur les prétentions scientifiques des mesures de différents types effectuées en relation avec les soi-disant limites de la planète. Un travail qui renvoie à des sources également scientifiques, renverse pratiquement toute la construction que les deux auteurs suédois font et affirme que le réchauffement climatique est une exagération, que ses effets ne sont pas seulement négatifs, que les limites de la planète sont loin d'être atteintes, et que les prévisions sombres ne sont que des scénarios alarmistes stimulés par certaines industries de pointe ou des intérêts financiers[315].

Le Guide politiquement incorrect sur le réchauffement climatique et l'écologisme, écrit par Christopher C. Horner[316], est une exposition approfondie de la politisation de la science résultant des options (non déclarées) économiques, politiques et idéologiques. Sans examiner en détail le livre de Horner, il convient de signaler que tous les débats sur le réchauffement climatique aboutissent finalement à un résultat indécis ; dans le panthéon de la science écologique, personne n'écoute personne, personne ne détient la Vérité, et plus grave encore, il semble que la Vérité soit instinctivement refusée à ces prétendants[317].

---

314 A. Wijkman, J. Rockström *Falimentarea naturii. Negarea limitelor planetei*, Ed. Compania, Bucureşti, 2013, p.302.

315 C. Pantelimon, *Progresul şi tradiţia între tehnologiile moderne şi constrângerile ecologismului actual*, „Revista română de sociologie", serie nouă, anul XXXII, nr. 5–6, p.283–303, Bucureşti, 2021, p.298, Microsoft Word - 03-CristiP.doc (revistadesociologie.ro) – consulté le 20.01.2024.

316 Ed. Contra Mundum, Bucureşti, 2020.

317 C. Pantelimon, *op. cit., Progresul şi tradiţia între tehnologiile moderne şi constrângerile ecologismului actual*, „Revista română de sociologie", 2021, p.298.

Le vert est le nouveau rouge[318]

L'écologisme est maintenant, une fois qu'il est devenu clair que le communisme ne fonctionne pas, l'arme anti-capitaliste préférée, attirant non seulement beaucoup d'argent mais aussi l'adoration des entreprises, d'Hollywood, des médias et des élites de la société ; c'est pourquoi l'on parle même d'une véritable industrie dans laquelle les groupes de pression écologistes se sont transformés, une industrie de deux milliards de dollars[319]. D'où vient cet argent ? Une grande partie de ce budget provient directement des contribuables par le biais de subventions accordées pour "éduquer" (pour ne pas dire dresser) le public et de toutes sortes de schémas élaborés par le Congrès pour subventionner les avocats écologistes[320].

Apparu dans les années 1970, l'écologisme s'est rapidement transformé en un véritable cauchemar pour tous ceux qui croient en la propriété privée, en le libre marché et en l'interventionnisme gouvernemental limité[321]. L'écologisme et son imposture sont passés de la simple prétention à un dogmatisme dangereux, tout comme les autres "-ismes" qui se sont manifestés de manière tragique au cours des cent dernières années ; et ici, le débat et le désaccord sont intolérables : personne de bonne foi ne peut contester les catastrophistes, donc les dissidents sont évidemment de mauvaise foi. L'autre face de la médaille indique que puisque la cause "verte" est tout à fait noble, le mensonge et la tromperie sont des moyens opérationnels acceptables, de sorte que ce mouvement remplit

---

[318] Ch. C. Horner, *Ghidul incorect politic, despre încălzirea globală şi ecologism*, Ed. Contra Mundum, Bucureşti, 2020, p. 29.

[319] Les douze premiers groupes de pression écologiste aux États-Unis ont ensemble des revenus annuels de 1,9 milliard de dollars, ce que seuls 725 des 20 millions d'entreprises aux États-Unis peuvent revendiquer comme des revenus aussi considérables. Ch. C. Horner, *op. cit.*, p. 307.

[320] J. Adler, *Environmentalism at the Crossroads: Green Activism in America*, Capital Research Center, 1995, p.29; T. Mastnak, *Nazism and Climate Change*, Belgrade Journal of Media and Communications, Issue: 06/2014, CEEOL - Article Detail – consulté le 20.01.2024.

[321] M. Rothbard, *Law, Property rights, and Air Pollution*, Cato Journal, vol. 2, No. 1 (Spring 1982), p.55. Law, Property Rights,And Air Pollution (cato.org) – consulté le 20.01.2024.

les poches de ceux qui font pression ; souvent, dès les premières menaces, l'industrie se plie et paie la "taxe de protection" pour conclure une paix trompeuse avec les groupes de pression, n'obtenant que la garantie qu'elle devra payer ce tribut régulièrement pour que les manifestations de ces foules bruyantes cessent[322].

"Les grandes entreprises" se sentent menacées non seulement par les groupes écologistes, mais aussi par les écologistes débrouillards au service des investisseurs institutionnels. Cependant, ce déversement d'argent des industriels vers les écologistes n'est que partiellement une réaction de faiblesse face à la pression exercée. En apparence seulement, les entreprises essaient d'acheter la bienveillance par le biais de ces cadeaux en espèces, emballés dans des excuses pour avoir choisi leur profession respective. En fait, la grande industrie promeut l'alarmisme écologique dans le but de désavantager la concurrence ou d'obtenir des faveurs des politiques gouvernementales sur mesure. L'industrie et les "verts" se sont associés et font pression pour certaines réglementations et licences, parfois pour augmenter les taxes sur l'énergie et d'autres fois pour imposer certaines restrictions, de sorte que les consommateurs, riches et pauvres, n'aient accès qu'à des lignes de produits plus chères, qui autrement n'auraient pas un marché viable pendant des années, voire jamais. C'est une connivence avantageuse qui frappe ceux qui essaient de gagner honnêtement leur vie par une concurrence honnête.[323]

La conclusion est déconcertante ; les défenseurs de la planète et de ses limites naturelles sont précisément les représentants des industries les plus sophistiquées, celles qui, selon les canons traditionnels, pourraient être considérées comme inutiles. Les industries inutiles sont maintenues en vie par l'écologisme, qui n'est rien d'autre qu'un progressisme ayant perdu sa sincérité et, tout comme dans les contes de fées, se

---

322 Ch. C. Horner, *op. cit.,* p. 31. Voir aussi S. Kausar Shamim, N. Bano, S. Naushad Ahmad, *Climate Change: Myth or Reality?,* Keystone Publishing House, New Delhi, 2020, (PDF) Climate Change: Myth or Reality? (researchgate.net). – consulté le 20.01.2024.

323 Ch. C. Horner, *Ghidul incorect politic, despre încălzirea globală şi ecologism*, Ed. Contra Mundum, Bucureşti, 2020, p. 302.

déguise de prince en mendiant[324]. "Alors que le rideau tombe sur les restes de l'enquête scientifique et du discours sur les problèmes "écologistes" et autres aspects controversés, nous sommes confrontés à une situation où, par la peur qu'il induit dans la population, le climat, qui se régule naturellement, est confisqué par un gouvernement qui tente d'étendre ses pouvoirs et par de grandes entreprises avides de profiter de la crédulité humaine. Mais le jeu n'est pas fini. L'avenir ne doit pas ressembler au passé récent. Le simple fait de rouvrir le débat et de le mener ouvertement transfère la balle du terrain des alarmistes - "il n'y a pas de temps pour les questions, nous devons agir maintenant !" - au terrain des sceptiques. Le message est clair : exercez votre droit, en fait votre devoir, de poser des questions et de parler pour que l'avenir reste libre et plein d'énergie."[325]

Pour les militants écologistes, l'état de l'environnement est simplement une confirmation de leur conviction très ferme selon laquelle le capitalisme ne fonctionne pas parce que trop de gens consomment trop de ressources de la planète, qui finira tôt ou tard par exploser violemment ; la logique est simple, si derrière les notions de "trop de gens" qui ont accès et utilisent "trop de ressources" se trouve le capitalisme, alors le capitalisme est le vrai problème[326].

Nous ne devons pas négliger non plus l'antipathie acharnée que les "verts" ont envers les gens, car aux yeux des écologistes, les gens représentent la pollution. "Les gens sont le grand problème de notre planète", "La Terre est trop peuplée pour une Utopie", dit le célèbre naturaliste Sir David Frederick Attenborough[327]. Considéré à juste titre comme un trésor

---

[324] C. Pantelimon, *op. cit., Progresul și tradiția între tehnologiile moderne și constrângerile ecologismului actual,* p.300.

[325] Ch. C. Horner, *Ghidul incorect politic, despre încălzirea globală și ecologism*, p. 305.

[326] *Idem*, p. 35.

[327] Sir David Frederick Attenborough (né le 8 mai 1926) est un biologiste, historien naturel et auteur britannique. Il est surtout connu pour avoir écrit et présenté, en collaboration avec la BBC Natural History Unit, les neuf séries documentaires sur l'histoire naturelle qui composent la collection Life, une étude exhaustive de la vie animale et végétale sur Terre. Dans une interview de 2013 avec Radio Times, Attenborough a décrit les humains comme une

national au Royaume-Uni, en plus de ses travaux centrés sur les merveilles du monde naturel, son travail ultérieur a été plus vocal en faveur des causes environnementales, plaidant ainsi pour la restauration de la biodiversité planétaire, la limitation de la croissance démographique, le passage aux énergies renouvelables, l'atténuation du changement climatique, la réduction de la consommation de viande et la réserve de plus de zones pour la conservation naturelle. Nous comprenons que si une personne normale regarde une autre personne, elle voit un esprit, une âme dans un corps physique, les "verts" ne voient que l'estomac et les entrailles ; c'est pourquoi les écologistes ont depuis longtemps prédit une croissance vertigineuse de la population et des catastrophes dues à la famine ; en même temps, ils insistent avec acharnement sur l'idée que le nombre actuel de population est "insoutenable", une idée qu'ils ont agitée pendant plusieurs décennies.

Pour un catastrophiste comme Paul Ehrlich[328], le nombre correct ou "soutenable" de la population mondiale se situe,

---

"plaie sur la Terre" et a appelé à davantage de débats sur la croissance de la population humaine, déclarant que "depuis qu'il fait des émissions depuis maintenant 60 ans, la population humaine a triplé". Selon Attenborough, l'amélioration des droits des femmes dans le monde entier est un moyen efficace "de limiter le taux de natalité". L. Gray, 22 ianuarie 2013, *David Attenborough - Oamenii sunt ciumă pe Pământ care trebuie controlată prin limitarea creșterii populației*, potrivit lui Sir David Attenborough. David Attenborough - Oamenii sunt ciumă pe Pământ (telegraph.co.uk); David Attenborough - Wikipedia – consulté le 23.01.2024.

328 Paul Ralph Ehrlich (né le 29 mai 1932) est un biologiste américain connu pour ses prédictions et ses avertissements concernant les conséquences de la croissance démographique, y compris la famine et l'épuisement des ressources. Ehrlich est professeur émérite d'études démographiques au Département de biologie de l'Université Stanford et président du Centre de biologie conservatrice de Stanford. Ehrlich est devenu célèbre pour son livre controversé de 1968, "The Population Bomb", qu'il a écrit avec sa femme Anne H. Ehrlich, dans lequel ils ont déclaré que "dans les années 1970, des centaines de millions de personnes mourraient de faim, malgré tous les programmes d'urgence mis en place maintenant". Parmi les solutions suggérées dans ce livre figurait le contrôle de la population, y compris "différentes formes de contraintes", telles que l'élimination des "avantages fiscaux pour avoir des enfants supplémentaires, qui seraient utilisés si les méthodes volontaires échouaient, ainsi que laisser des pays "désespérés" comme l'Inde mourir de faim".

selon des critères inconnus, entre un et deux milliards, et dépasser ce chiffre entraînera l'apocalypse et la famine garantie. En plus de l'idée que bien que terrifiés par la croissance démographique, les écologistes ne montrent aucun signe qu'ils appliquent ces idées de réduction du nombre de personnes à eux-mêmes, car ils suggèrent toujours que d'autres devraient faire les sacrifices nécessaires pour sauver la planète, il convient de noter qu'Ehrlich n'explique pas comment, sur cette planète "affamée", l'obésité est devenue une maladie largement répandue. Nous constatons que ses prédictions ont été non seulement complètement erronées mais aussi exagérées, il n'y a pas eu de famine de ce genre et tant la population que l'approvisionnement alimentaire au niveau mondial ont continué à croître au fil des années 1970, 1980 et au-delà.[329]

Malgré cet ensemble d'échecs dans ses prédictions, Ehrlich a continué à soutenir que les sociétés devraient prendre des mesures radicales pour réduire la croissance de la population afin d'atténuer les désastres futurs, à la fois écologiques et sociaux. Controversé à son époque, le livre The Population Bomb est devenu, à mesure que l'échec des prédictions devenait évident pour tout le monde, sauf pour l'auteur, un objet de ridicule. La famine des cinquante années qui ont suivi la publication du livre a été principalement causée par la guerre ou d'autres causes d'instabilité politique, et non par le manque de production alimentaire ou la surpopulation, comme l'affirme l'économiste indien et lauréat du prix Nobel d'économie, Amartya Sen : "les nations avec une démocratie et une presse libre n'ont pratiquement jamais souffert de famine généralisée ; en effet, depuis que l'Inde est devenue une démocratie

---

https://en.wikipedia.org/wiki/Paul_R._Ehrlic
P. R. Ehrlich, *The population bomb*, Ballantine Books, New York, 1ère édition 1968, édition révisée 1971, 9e édition 1988. ehrlich68.pdf (free.fr) – consultés le 23.01.2024.

[329] Il y a effectivement eu quelques zones de famine en Éthiopie, au Bangladesh et dans la région du Sahel en Afrique, mais le nombre de décès a été beaucoup moins sévère que ce qu'il avait prédit, et les décès ont été largement causés par l'instabilité politique plutôt que par des problèmes liés à la production alimentaire. *Food Security and Nutrition in the Last 50 Years*, FAO Corporate Document Repository, pb_issue2_final.indd (fao.org) – consultés le 23.01.2024.

indépendante du règne britannique, elle n'a pas encore connu de famine, malgré les avertissements d'Ehrlich". La critique d'Ehrlich à l'égard de l'Inde en particulier (par exemple, en soulignant la surpopulation de Delhi plutôt que celle de Paris, qui avait presque trois fois la population de Delhi à l'époque) a été critiquée pour s'être concentrée davantage sur les "sentiments" que sur les données réelles[330].

Malgré toutes les erreurs constatées par les experts et les gens ordinaires concernant ses prédictions, aucun des époux Ehrlich n'a jamais renoncé publiquement à prophétiser, comme l'a déclaré ce gourou écologiste en 2015 pour Retro Report[331] : "Je ne pense pas que mon langage ait été trop apocalyptique dans The Population Bomb. Mon langage serait encore plus apocalyptique aujourd'hui."[332]

L'écologisme, la religion du présent rongée par la peur

Dans son livre controversé mais largement vendu, "State of Fear"[333], Michael Crichton décrit avec une grande précision la période contemporaine : "Avez-vous déjà remarqué à quel point la culture de la société occidentale est étonnante ? Les nations industrialisées fournissent à leurs citoyens une sécurité, une santé et un confort sans précédent. L'espérance de vie moyenne a augmenté de 50 % au cours du dernier siècle. Pourtant, l'homme moderne vit dans une peur abjecte. Il a peur des

---

330 D. Gardner, *Future Babble: Why Expert Predictions Fail – and Why We Believe Them Anyway,* McClelland and Stewart, Toronto, 2010; M. Massing, *"Does Democracy Avert Famine?".* The New York Times, Amartya Sen - The New York Times (nytimes.com) – consultés le 23.01.2024.

331 Retro Report est une organisation à but non lucratif basée aux États-Unis qui produit des documentaires courts pour fournir un contexte historique aux actualités actuelles. L'organisation se décrit comme un contrepoids au cycle de l'information en continu ; elle a couvert des sujets tels que la théorie de la bombe démographique, la controverse autour du vaccin ROR, la tuerie de l'école secondaire de Columbine et l'histoire de l'activisme noir dans le sport.Raport retro - Wikipedia – consultés le 23.01.2024.

332 Paul R. Ehrlich - Wikipedia – consulté le 23.01.2024.

333 M. Crichton, *State of Fear (Starea de frică*), HarperCollins, New York, 2004.

étrangers, de la maladie, du crime, de l'environnement. Il a peur de la maison dans laquelle il vit, de la nourriture qu'il mange, de la technologie qui l'entoure. Les gens paniquent surtout à cause de choses qu'ils ne peuvent même pas voir - virus, microbes, produits chimiques, additifs, polluants. Ils sont timides, nerveux, craintifs et déprimés. Et plus surprenant encore, ils sont convaincus que leur environnement, sur toute la planète, est en train d'être détruit. Remarquable ! Tout comme la croyance en la sorcellerie, c'est une illusion extraordinaire - un fantôme mondial digne du Moyen Âge. Tout finit en enfer, et nous devons vivre dans la peur".

L'auteur Michael Crichton, en ce qui concerne les changements climatiques, tient à souligner plusieurs idées parmi lesquelles nous ne retenons que : "la science derrière le réchauffement climatique est spéculative et incomplète, ce qui signifie qu'il est impossible de tirer des conclusions concrètes sur l'implication humaine dans les changements climatiques ; les élites de divers domaines utilisent des crises réelles ou artificielles pour maintenir l'ordre social existant, en utilisant à tort la "science" derrière le réchauffement climatique ; en raison de conflits d'intérêts potentiels, les scientifiques effectuant des recherches sur des sujets liés au réchauffement climatique peuvent subtilement changer leurs conclusions pour les aligner sur leurs sources de financement ; étant donné que la climatologie ne peut pas incorporer des études en double aveugle, comme c'est courant dans d'autres sciences, et que les scientifiques du climat définissent les paramètres de l'expérience, mènent des expériences dans les paramètres qu'ils ont établis et analysent les données résultantes, un phénomène connu sous le nom de "biais" est offert comme la raison la plus bénigne pour laquelle la science climatique est si imprécise ; les concepts clés utilisés suggèrent l'existence d'un complexe "politico-légal-médiatique", comparable au "complexe militaro-industriel" de l'ère de la Guerre froide. L'auteur insiste sur le fait que la science climatique a commencé à utiliser des termes extrêmes, induisant la peur, tels que "crise", "catastrophe" et "désastre", peu de temps après la chute du mur de Berlin, afin de maintenir un niveau de peur parmi les citoyens, dans le but de contrôler socialement, puisque le spectre du communisme soviétique avait disparu. C'est précisément cette "peur" qui donne son titre au livre[334].

Comme toute religion, l'écologisme punit les péchés, le péché capital étant la pollution[335]. Il a tout ce qu'il faut pour être une religion : un culte, des rituels, des idoles, des temples, des prêtres et beaucoup de fidèles, même trop nombreux. En plus de tout cela, le courant des adeptes du réchauffement climatique est devenu une "Inquisition" du monde scientifique contemporain, influençant des décisions socio-économiques sans fondement scientifique, ignorant la base scientifique ou même s'opposant à elle. L'écologie contre l'écologisme tombe dans la vieille et toujours nouvelle histoire de la raison contre l'intérêt : les groupes idéologiques (y compris écologistes) doivent créer des problèmes ou créer l'illusion de problèmes pour propager leurs propres idées ou réaliser leurs propres intérêts ; c'est pourquoi le réchauffement climatique est une "industrie" en soi, des dizaines de milliers d'emplois dépendent de "l'existence" du réchauffement climatique. Et puis, personne ne nous dit quelles garanties nous avons que si nous suivons ce que l'on nous dit, en réduisant ou en arrêtant complètement les émissions de CO2, le climat ne subira pas de toute façon un changement "catastrophique" pour la civilisation humaine ? Supposons que demain, nous n'émettions plus un seul gramme de CO2 dans l'atmosphère (et que nous absorbions ce que nous avons émis jusqu'à présent), et que le lendemain, nous entrions

---

[334] Le livre contient également de nombreux graphiques et citations de données du monde réel, y compris des graphiques avec des notes de bas de page suggérant fortement que la température moyenne mondiale est en baisse au cours de cette période. Alors que les températures locales montrent une augmentation générale de la température moyenne, surtout dans les grandes villes du monde, les personnages de Crichton déduisent que cela est dû à l'expansion urbaine et à la déforestation, et non aux émissions de carbone.

[335] Nous devons souligner la distinction entre l'écologie en tant que domaine neutre qui étudie les relations entre l'homme et l'environnement, et l'écologisme en tant qu'idéologie qui tente de positionner l'homme d'une certaine manière par rapport à la nature. Voir aussi R. Teodorescu, *Ecologia sau păcatul poluării mediului ca desacralizare a naturii*, Cugir 2020, (99+) ECOLOGIA SAU PĂCATUL POLUĂRII MEDIULUI CA DESACRALIZARE A NATURII | Radu Teodorescu - Academia.edu – consulté le 23.01.2024.

dans une nouvelle période glaciaire, simplement parce que le facteur climatique continue son évolution naturelle par ses propres mécanismes internes. De plus, et si les émissions de CO2 que nous avons arrêtées avaient été la méthode par laquelle nous aurions pu prévenir cette période glaciaire ? Dans ce cas, les émissions de CO2 auraient été positives. Par conséquent, le CO2 n'est rien d'autre qu'une bataille d'idées, dont les tactiques consistent à diaboliser l'adversaire et à aduler sa propre position, voire à se hisser sur un piédestal[336].

De plus, comme nous l'avons observé dans le chapitre précédent, la réglementation moderne de l'environnement est la forme de réglementation la plus coûteuse, imposant généralement des solutions de plusieurs milliards de dollars à des problèmes de l'ordre du million de dollars. La seule ressource que les écologistes considèrent comme illimitée est l'argent des autres, ne suivant pas leur propre principe général selon lequel gaspiller des ressources nuit à l'environnement dans son ensemble.[337]

Le mouvement écologiste est davantage un mouvement politique

Patrick Albert Moore[338] est titulaire d'un doctorat en écologie obtenu à l'Université de la Colombie-Britannique en 1974 et d'un doctorat en sciences de la North Carolina State University en 2005. Il est l'un des fondateurs de Greenpeace et a déclaré, selon un courriel obtenu par The Epoch Times[339], que

---

[336] V.-S. Bădescu, *Scurte considerații asupra eco-teologiei din perspectiva abordării interdisciplinare: drept – filosofie – religie*, Buletinul Universității Naționale de Apărare „Carol I", Nr. 1/2012 https://revista.unap.ro; M. L. Revaru, S. Petre, *Ecologie versus ecologism sau cum încălzirea globală a devenit un fenomen religios*, 18/03/2014, Ecologie versus ecologism sau cum încălzirea globală a devenit un fenomen religios – Geopolitics.ro– consultés le 23.01.2024.

[337] S. Hayward, *Salvarea mediului înconjurător de ecologiști* Salvarea mediului înconjurător de ecologiști - The American Mind - consulté le 23.01.2024.

[338] Patrick Moore (consultant) - Wikipedia - consulté le 20.09.2022.

[339] EXCLUSIVE: Greenpeace Founder Patrick Moore Says Climate Change Based on False Narratives (theepochtimes.com) - consulté le 13.12.2023. A.

la raison pour laquelle il a quitté l'organisation était très claire : « Greenpeace a été détourné par la gauche politique lorsqu'il a été réalisé que dans le mouvement écologiste, on peut obtenir de l'argent et du pouvoir. Les activistes politiques occidentaux ont transformé Greenpeace d'une organisation basée sur la science en une organisation axée sur la collecte de fonds ». Ses affirmations suscitent certainement l'indignation, car on prétend qu'il existe un « consensus » scientifique sur les changements climatiques imminents : « Le mouvement écologiste est davantage un mouvement politique qu'un mouvement environnemental. Il se concentre sur la création d'histoires destinées à inspirer la peur et la culpabilité chez les gens pour qu'ils donnent de l'argent »[340] ; Le Groupe d'experts intergouvernemental sur l'évolution du climat (GIEC) « n'est pas une organisation scientifique, mais politique[341]. Le GIEC emploie des scientifiques qui soutiennent l'histoire de l'urgence climatique ; les campagnes contre les hydrocarbures, l'énergie nucléaire, le CO2, le plastique, sont conçues pour faire croire aux gens que le monde va s'effondrer si nous ne détruisons pas notre économie et ne mutilons pas notre civilisation. Elles sont

---

B. Robinson, Z. W. Robinson, *Science Has Spoken: Global Warming Is a Myth*, The Wall Street Journal, 4 December, 1997, Science Has Spoken: Global Warming Is a Myth - WSJ - consulté le 23.01.2024.

[340] Selon Moore, ils agissent derrière des portes closes aux côtés d'autres organisations telles que l'ONU, le Forum économique mondial, pour la plupart des entités politiques essentiellement. G. Popa, co-fondateur de Greenpeace, ne croit pas à l'urgence climatique ; le nombre d'ours polaires a quintuplé / Les énergies vertes sont les parasites de l'économie, 10/09/2022. Co-Fondatorul Greenpeace nu crede în urgența climatică: Numărul urșilor polari a crescut de cinci ori / Energiile verzi sunt paraziții economiei | R3media - consulté le 13.12.2023.

[341] "Beaucoup de prétendus leaders écologistes affirment que les humains sont les ennemis de la Terre et de la Nature. Il y a trop de péché originel dans cette philosophie, selon laquelle les humains sont mauvais et les autres espèces sont bonnes, même les punaises, les moustiques et les bactéries." Il affirme que la nouvelle philosophie dominante soutient que le monde serait un meilleur endroit s'il y avait moins d'humains. "Ceux qui soutiennent cela ne se portent pas volontaires pour disparaître. Ils se comportent comme s'ils étaient supérieurs aux autres." (…) P. Moore, *Confessions of a Greenpeace Dropout: The Making of a Sensible Environmentalist,* Beatty Street Publishing Inc.2011; P. Moore, *Fake Invisible Catastrophes and Threats of Doom*, Comox, BC: Ecosense Environmental Inc., 2021.

une influence négative sur l'environnement et sur la civilisation humaine. »[342] Interrogé sur la manière dont Greenpeace utilise ses énormes ressources financières, Moore a déclaré qu'elles vont aux salaires des employés, « très nombreux », plus de 2000, à des publicités coûteuses et à des programmes de collecte de fonds. Et pratiquement toutes les publicités sont basées sur de fausses histoires, l'un des exemples étant les ours polaires ; « Le Traité international sur les ours polaires, signé par tous les pays polaires en 1973 pour interdire la chasse sans restriction des ours polaires, n'est jamais mentionné dans la presse, par Greenpeace ou par les hommes politiques qui affirment que les ours polaires disparaîtront à cause de la fonte des glaces polaires. En fait, la population d'ours polaires est passée de 6000-8000 en 1973 à 30000-50000 aujourd'hui ; c'est un fait incontestable »[343].

Selon Moore, l'énergie solaire et éolienne est très coûteuse et imprévisible, "c'est presque comme une maladie mentale, de sorte que beaucoup de gens en sont venus à croire que des pays entiers peuvent être soutenus par ces technologies. Je pense que l'énergie solaire et éolienne sont des parasites de l'économie, en d'autres termes, elles appauvrissent les pays par rapport à la situation où des technologies plus constantes et moins coûteuses seraient utilisées." À son avis, les fournisseurs d'énergie solaire et éolienne dépendent fortement des subventions gouvernementales, des exonérations fiscales et des obligations, les citoyens étant contraints d'acheter de l'énergie "verte", même

---

[342] Voir aussi P. Moore, Patrick, *Pacific Spirit: The Forest Reborn*, Terra Bella Publishers, Canada, 1995; P. Moore, *Green Spirit: Trees are the Answer*. Greenspirit Enterprises, 2000; P. Moore, *Trees are the Answer, 10th Anniversary Edition,* Beatty Street Publishing Inc, Canada, 2010.

[343] "Mais ils déclarent maintenant que l'ours polaire disparaîtra en 2100 comme s'ils avaient une boule de cristal qui prédit l'avenir. En fait, l'hiver dernier, la glace dans la région arctique s'est étendue par rapport aux années précédentes, et en Antarctique, il a fait plus froid que ces 50 dernières années." G. Popa, Co-Fondateur de Greenpeace, ne croit pas en l'urgence climatique; Le nombre d'ours polaires a augmenté cinq fois / Les énergies vertes sont les parasites de l'économie, 10/09/2022.
Co-Fondatorul Greenpeace nu crede în urgența climatică: Numărul urșilor polari a crescut de cinci ori / Energiile verzi sunt paraziții economiei | R3media - consulté le 22.01.2024.

si elle est plus chère, sous prétexte qu'elle est écologique ; des millions de personnes paient cette énergie alors que quelques-uns, très peu nombreux, font des millions - c'est comme une pyramide de Ponzi."[344] "Ces technologies nécessitent de grandes surfaces de terrain, ne sont pas disponibles tout le temps et dépendent de l'énergie nucléaire, hydroélectrique, du charbon et du gaz lorsque le vent ne souffle pas ou que le soleil ne brille pas. De plus, la construction de parcs éoliens et solaires nécessite d'énormes quantités d'hydrocarbures pour l'extraction minière, le transport et la construction. Et dans de nombreux endroits, elles ne produisent pas suffisamment d'énergie au cours de leur cycle de vie pour compenser leur construction et leur entretien."[345]

---

[344] Un schéma de Ponzi est une opération d'investissement frauduleuse impliquant le paiement de profits extraordinaires à des investisseurs avec des fonds provenant d'autres personnes et non des revenus réellement générés par l'entreprise. Ce système pyramidal a été nommé d'après Charles Ponzi, qui dans les années 1920 a trompé des milliers de citoyens de la Nouvelle-Angleterre en les convainquant d'investir dans un schéma de spéculation sur les timbres-poste. À l'époque, le taux d'intérêt annuel sur les comptes bancaires était de 5 %. Ponzi a promis de pouvoir offrir un profit de 50 % en seulement 90 jours. Au début, Ponzi a apporté quelques coupons postaux internationaux pour soutenir son schéma, mais après un court laps de temps, il a commencé à payer les premiers investisseurs avec l'argent déposé par les investisseurs les plus récents. Schemă Ponzi - Wikipedia - consulté le 22.01.2024.

[345] Le co-fondateur de Greenpeace a également déclaré que le langage utilisé par les promoteurs de l'écologie est non scientifique. Par exemple, "Zéro émission" est un "terme politique inventé par des activistes qui ne sont pas des scientifiques. Par exemple, les leaders de cette croisade sont des personnes comme Al Gore, Leonardo Di Caprio et Greta Thunberg, aucun d'entre eux n'étant scientifique." G. Popa, Co-fondateur de Greenpeace ne croit pas à l'urgence climatique; le nombre d'ours polaires a augmenté de cinq fois/les énergies vertes sont les parasites de l'économie, 10/09/2022. Co-Fondatorul Greenpeace nu crede în urgența climatică: Numărul urșilor polari a crescut de cinci ori / Energiile verzi sunt paraziții economiei | R3media - consulté le 22.01.2024.

Section 4. "Il n'y a pas d'urgence climatique"

La Déclaration mondiale sur le climat

Il n'y a pas d'urgence climatique. Nous nous opposons fermement aux objectifs de zéro émission de carbone d'ici 2050, destructeurs et irréalistes" - ce sont les paroles prononcées par les 1107 signataires de la "Déclaration mondiale sur le climat"[346], dans laquelle la vision apocalyptique présentée dans les médias et la politique concernant les changements climatiques est contestée. Selon cette déclaration, la science doit être moins politisée et les politiques climatiques doivent reposer davantage sur la science ; "Les scientifiques devraient discuter ouvertement des incertitudes et des exagérations des prévisions sur le réchauffement climatique, tandis que les politiciens devraient compter, sans passion, les coûts réels et les bénéfices imaginaires de leurs mesures"[347]. Six sont les principes de base contenus dans la déclaration sur lesquels les signataires se sont mis d'accord, à savoir : à la fois des facteurs naturels et anthropogéniques causent le réchauffement climatique ; le réchauffement est beaucoup plus lent que prévu ; la politique climatique est basée sur des modèles inadéquats ; le CO2 est la nourriture des plantes, la base de toute la vie sur Terre ; les catastrophes naturelles n'ont pas augmenté en raison du réchauffement climatique ; la politique climatique doit respecter les réalités scientifiques et économiques[348].

De la Déclaration, nous extrayons : "le climat de la Terre varie depuis le début du monde, avec des périodes chaudes et froides, il n'est donc pas surprenant que nous traversions une période de réchauffement. D'autre part, les modèles climatiques

---

[346] World climate declaration June 27, 2022, WCD-version-06272215121.pdf (clintel.org) - consulté le 22.01.2024.

[347] V. Şerban, *Politicile UE bazate pe un fals? Peste 1100 de oameni de ştiinţă, inclusiv un câştigător al premiului Nobel, scrisoare deschisă împotriva alarmiştilor meteo: NU există nicio urgenţă climatică*, 19/08/2022, Politicile UE, bazate pe un FALS? Peste 1100 de oameni de ştiinţă, inclusiv un câştigător al premiului Nobel, scrisoare deschisă împotriva alarmiştilor meteo: NU există nicio urgenţă climatică | R3media - consulté le 22.01.2024.

[348] World climate declaration June 27, 2022, p.3.

ont de nombreux problèmes et ne sont pas du tout des outils plausibles pour formuler des politiques mondiales ; ils exagèrent l'effet de serre, comme le dioxyde de carbone, mais ignorent tout effet bénéfique". "Le dioxyde de carbone n'est pas un polluant. Il est fondamental pour la vie sur Terre. La photosynthèse est une bénédiction. Plus de dioxyde de carbone est bénéfique pour la nature, pour le reverdissement de la Terre ; le dioxyde de carbone supplémentaire dans l'air a conduit à une augmentation mondiale de la biomasse des plantes. Il est également bénéfique pour l'agriculture, augmentant la productivité à l'échelle mondiale". De plus, les scientifiques affirment que "les preuves statistiques n'indiquent pas que le réchauffement climatique intensifie les ouragans, les inondations, les sécheresses et autres catastrophes naturelles ou les rend plus fréquents ; l'objectif de la politique mondiale devrait être la "prospérité pour tous", en fournissant une énergie solide et bon marché tout le temps".

En fait, sur le rôle du CO2 dans l'augmentation de la végétation, une étude publiée dans la revue Nature Climate Change le 25 avril 2016, décrit comme suit : "un quart à la moitié des terres végétales de la Terre ont montré une verdissement significatif au cours des 35 dernières années, en grande partie en raison de l'augmentation du dioxyde de carbone atmosphérique ; une équipe internationale de 32 auteurs provenant de 24 institutions de huit pays a mené l'effort, qui a impliqué l'utilisation de données satellitaires provenant du spectromètre d'imagerie à résolution modérée de la NASA et des instruments de radiomètre très haute résolution de l'Administration nationale océanique et atmosphérique pour aider à déterminer l'indice de surface foliaire ou la quantité de couverture foliaire sur les régions végétales de la planète. Le verdissement représente une augmentation du nombre de feuilles sur les plantes et les arbres équivalent en surface à deux fois la taille continentale des États-Unis. Les feuilles vertes utilisent l'énergie du soleil par photosynthèse pour combiner le dioxyde de carbone extrait de l'air avec l'eau et les nutriments extraits du sol pour produire des sucres, qui sont la principale source de nourriture, de fibres et de combustible pour la vie sur Terre. Des études ont montré que les concentrations accrues de dioxyde de carbone augmentent la photosynthèse, stimulant la croissance des plantes[349].

Si la plupart des scientifiques en dehors de la climatologie pensent que le réchauffement climatique a lieu, cela est moins pertinent que si les climatologues le font. Une lettre signée par plus de 50 membres éminents de la Société météorologique américaine a mis en garde contre les politiques promues par les groupes de pression environnementale en affirmant que "Les initiatives politiques découlent de théories scientifiques extrêmement incertaines[350]. Elles reposent sur l'hypothèse non étayée selon laquelle un réchauffement climatique catastrophique résulte de la combustion des combustibles fossiles et nécessite des actions immédiates, des idées avec lesquelles nous ne sommes pas d'accord."[351]

Les médias et la terreur climatique

Dans les années 20 à 50, un certain nombre de scientifiques impatients et de journalistes alarmistes ont averti que le réchauffement climatique pourrait avoir des conséquences catastrophiques pour la vie sur Terre. Voici ce que titraient les journaux de l'époque : "Le pôle Nord fond. De nombreux glaciers ont disparu"[352]; "Les glaciers fondus submergeront la Terre"[353]; "L'été le plus chaud depuis 4000 ans"[354]; "La Terre se

---

[349] S. Reiny, *CO2 face Pământul mai verde – deocamdată*, aprilie 26, 2016, CO2 face Pământul mai verde – deocamdată – Schimbările climatice: semne vitale ale planetei (nasa.gov) - consulté le 22.01.2024.

[350] J.A. Curry, P.J. Webster, *Climate Science and the Uncertainty Monster*, Bulletin of the American Meteorological Society, 2011, DOI:10.1175/BAMS-D-10-3139.1, Climate Science and the Uncertainty Monster in: Bulletin of the American Meteorological Society Volume 92 Issue 12 (2011) (ametsoc.org); J. Curry, *Reasoning about climate uncertainty,* Climatic Change (2011) 108:723–732 DOI 10.1007/s10584-011-0180-z, Reasoning about climate uncertainty | Climatic Change (springer.com) - consultés le 22.01.2024.

[351] G. Gardner, *Many climate change scientists do not agree that global warming is happening,* BMJ, 1998, Apr 11; 316(7138): 1164, doi: 10.1136/bmj.316.7138.1164, Many climate change scientists do not agree that global warming is happening - PMC (nih.gov) - consulté le 22.01.2024.

[352] Daily Mercury, 7 avril 1923.

[353] Sunday Journal and Star, 13 avril 1931.

réchauffe. Aux pôles, la glace fond. Le niveau de la mer va monter de 40 pieds"[355]; "Les scientifiques mettent en garde : les glaciers du Groenland fondent"[356]; "La glace arctique fond rapidement"[357]; "Les glaciers fondent à mesure que le monde se réchauffe"[358].

Dans les années 50, la Terre a cessé de se réchauffer et a commencé à se refroidir, alors immédiatement, les experts en climatologie et les journalistes ont commencé à prédire une désastreuse ère glaciaire avec des conséquences fatales pour l'agriculture, qui entraînerait inévitablement la pénurie alimentaire, la famine et même la guerre. Voici ce que titraient les journaux de l'époque : "La Terre se refroidit. La crainte d'une nouvelle ère glaciaire existe"[359]; "Les satellites spatiaux nous montrent que la nouvelle ère glaciaire approche à grands pas"[360]; "Brrr : Une nouvelle ère glaciaire est-elle en approche ?"[361]; "L'ère glaciaire approche ? Une pensée terrifiante pour l'humanité"[362]; "Les changements climatiques majeurs apporteront une agitation à l'échelle mondiale qui pourrait prendre des proportions inimaginables, avec même le risque d'un conflit international, selon un rapport de la Central Intelligence Agency publié aujourd'hui... Le temps extrême pourrait durer entre 40 ans et plusieurs siècles, indique le rapport"[363]; "L'opinion d'une équipe internationale de spécialistes est que la tendance au refroidissement de l'hémisphère nord, qui dure déjà depuis 30 ans, ne montre aucun signe de fin"[364]; "Des prévisions alarmantes de la CIA. Si les avertissements de la plupart des climatologues se confirment et que la tendance au refroidissement de la planète observée au

---

[354] New York Times, 2 juillet 1931.
[355] Cairns Post, 3 février 1934.
[356] Harrisburg Sunday Courrier, 17 décembre 1939.
[357] Hartford Courant Magazine, 13 octobre 1940.
[358] The Herald Saturday Magazine, 29 septembre 1951. Voir D. Craig, *Nu există urgență climatică*, Ed. Evenimentul și Capital, București, 2022, p. 8.
[359] Iowa City Press, 14 avril 1973.
[360] Guardian, 29 janvier 1974.
[361] Chicago Tribune, 2 mars 1975.
[362] Chicago Tribune, 2 juin 1975.
[363] Daily News, 4 mai 1976.
[364] New York Times, 5 janvier 1978.

cours des dernières décennies se maintient, nous aurons des récoltes médiocres, tant en quantité qu'en qualité, ce qui entraînera une pénurie alimentaire et, éventuellement, même une famine"[365]; "La nouvelle ère glaciaire pourrait bientôt envelopper la Terre déjà en refroidissement"[366]; "Les scientifiques attribuent les sécheresses et les inondations de plus en plus fréquentes à la tendance au refroidissement mondial, qui pourrait entraîner de grandes tragédies pour l'humanité"[367].

D'une manière ou d'une autre, vers la fin des années 80, le refroidissement s'est arrêté et la Terre, heureusement pour nous, a recommencé à se réchauffer, et le réchauffement climatique anthropique catastrophique a été correctement reflété dans les journaux de l'époque : "Noel Brown, haut responsable des questions environnementales aux Nations Unies, soutient que toute l'humanité pourrait être effacée de la surface de la Terre, en raison de l'élévation du niveau de la mer, si le processus de réchauffement climatique n'est pas inversé d'ici l'an 2000"[368]; "Conflit nucléaire, méga-sécheresses, famine et révoltes seront monnaie courante... la mort due à la famine et à la guerre touchera des millions de personnes, jusqu'à ce que la population de la planète soit réduite à un niveau que la Terre puisse supporter"[369]; "L'étude sur les changements climatiques prédit des réfugiés fuyant vers l'Antarctique"[370]; "Barack Obama n'a que quatre ans pour sauver le monde. C'est l'évaluation sévère de l'homme de la NASA et expert en climat, Jim Hansen"[371]; "Les meilleures prédictions scientifiques indiquent qu'il nous reste très peu de temps - en effet, moins de 100 mois - pour changer radicalement notre comportement"[372]; "Quatre ans pour sauver la Terre; 2020 est la date limite pour éviter la catastrophe

---

[365] Calgary Herald, 10 mai 1979.
[366] Sunday Dispatch, 9 mai 1980.
[367] Chicago Tribune, 25 novembre 1981. Voirs D. Craig, *Nu există urgență climatică*, Ed. Evenimentul și Capital, București, 2022, p. 9-11.
[368] Mercury News, 30 juin 1989.
[369] Observer, 11 novembre 2004.
[370] Daily Telegraph, 13 octobre 2008.
[371] Guardian, 18 janvier 2009.
[372] Prince de Wales, Royaume Uni, 26 mai 2009.

climatique, soutiennent les experts"[373]; "La planète se réchauffe de manière catastrophique. Et la peur peut être la seule chose qui nous sauve"[374]; "Les changements climatiques sont le problème numéro un auquel l'humanité est confrontée. Et le numéro un pour moi. Si nous ne faisons rien à ce sujet, la planète va simplement cuire"[375].

Comparativement à toutes les nouvelles alarmistes d'autrefois ou d'aujourd'hui, nous ne pouvons que constater, de manière répétée et presque moqueuse, que le climat de la Terre n'a pas suivi les prophéties des catastrophistes climatiques.

---

373 Daily Mail, 29 juin 2017.

374 New York Times, février 2019. Voir aussi M. L. Sotto D'apolonia, *Les controversies climatique: une analyse socioepistemique*, l'Université Montpellier 3 – Paul Valéry, thèse de doctorat soutenue le 14 octobre 2014, (PDF) Les controverses climatiques: une analyse socioépistémique (researchgate.net) - consulté le 22.01.2024.

375 Joe Biden, 21 mars 2021. Voir D. Craig, *Nu există urgență climatică*, Ed. Evenimentul și Capital, București, 2022, p. 10-11.

Conclusions

En ce qui concerne le sujet des changements climatiques, l'attitude semble être soit une acceptation totale, soit un scepticisme abrupt ; cette attitude semble être explicite car le sujet en question est incompris par 99,9 % de la population de la planète qui ne comprend même pas son objectif, étant constamment bombardée par la notion "suivez la science", c'est-à-dire avoir confiance en la science pour résoudre (les prétendus) problèmes climatiques. Alors qu'il y a quelques années, la majorité des livres publiés sur le climat étaient totalement d'accord sur le sujet, ces dernières années, des voix discordantes ont commencé à se faire entendre ; des opinions différentes ou opposées sont exprimées et publiées par des universitaires et des experts à la retraite ; par conséquent, ils ne craignent plus que s'écarter des positions officielles des politiciens et des industries qui bénéficient des politiques climatiques puisse nuire à leur réputation professionnelle[376]. Parmi leurs conclusions, on peut également noter que : il existe d'importantes divergences concernant le réchauffement climatique et surtout dans quelle mesure la température de la planète augmentera si nous continuons à utiliser des combustibles traditionnels (charbon, gaz naturel et pétrole) ; la quantité de dioxyde de carbone (CO2) dans l'atmosphère est aujourd'hui aussi élevée qu'il y a 300 millions d'années ; la quantité de dioxyde de carbone dans l'atmosphère augmente, mais ne deviendra un facteur de préoccupation que dans 250 fois 500 ans.

---

[376] S.E. Koonin, *Unsettled: What Climate Science Tell Us, What it doesn't, and why it matters*, BenBella Books, 2021; P. Costea, *Schimbările climatice, între mit și realitate*, 23/05/2022, Schimbările climatice, între mit și realitate - Alianța Renașterea Națională (aliantarenastereanationala.ro) – consulté le 26.09.2022.

Bibliographie

J. d'Aspremont, *Softness in International Law: A Self-Serving Quest for New Legal Materials*, European Journal of International Law, 2008, n° 5;

R. Bavishi, *The Doha Outcomes Part I –The Doha Amendment to the Kyoto Protocol*, Legal Response Initiative – Briefing Paper No. 44, 25 April 2013;

M. Bleahu, *Priveşte înapoi cu mânie ... Priveşte înainte cu spaimă. Valenţele ecologiei politice*, Ed. Economică, Bucureşti, 2001;

A. Bulgaru (coord.) D. Albu, A. Moţ, M.B. Berna, *Schimbările climatice şi impactul acestora asupra drepturilor omului*, Ed. I.R.D.O., Bucureşti, 2020;

J. Cazala, *Le Soft Law international entre inspiration et aspiration*, Revue interdisciplinaire d'études juridiques, 2011, n° 66;

Ch. M. Chinkin, *The Challenge of Soft Law: Development and Change in International Law*, International and Comparative Law Quarterly, 1989;

D. Ciuriak, N. Ciuriak, *Climate Change and the Trading System: After Doha and Doha*, School of Public Policy, Research Paper, nr. 34, vol. 6, Ed. University of Calgary, 2013;

E. Dobrescu, L.-L. Albu (coordonatori), *Dezvoltarea durabilă a României. Modele şi scenarii pe termen mediu şi lung*, Ed. Expert, Bucureşti, 2005;

A. Duţu, *Dreptul climei (al schimbărilor climatice). Contenciosul ca factor de progres juridic*, Studii şi cercetări juridice, nr. 3/2018;

A. Duţu, *Franţa: Convenţia cetăţenească pentru climă revine la propunerea de incriminare a infracţiunii de ecocid*, Pandectele Române, 5/ 2020;

M. Duţu, *Justiţia climatică,* Pandectele Române, nr. 5/2016;

M. Duţu, *Justiţia climatică şi rolul său în realizarea şi dezvoltarea dreptului mediului. Contextul unional-european şi People's Climate Case,* Dreptul, nr.10/2019;

M. Duţu, M. Duţu-Buzura, *Introducere în dreptul climei – Regim juridic complex şi o inedită disciplină ştiinţifică*, Studii şi Cercetări Juridice, an 9 (65), nr. 3, pp. 323–468, Bucureşti, iulie–septembrie, 2020;

M. Duțu, *Dreptul climei Regimul juridic al combaterii și atenuării încălzirii globale și adaptării la efectele schimbărilor climatice*, Ed. Universul Juridic, 2021;

D. Estrin, H. Kennedy, *Achieving Justice and Human Rights in an Era of Climate Disruption*, International Bar Association Climate Change Justice and Human Rights Task Force Report, 2014;

D. Freestone, C. Streck, *Legal Aspects Of Carbon Trading*, Ed. Oxford University Press, 2009;

P. Gridan, N. Ţicleanu, *Încălzirea globală sau glaciaţiune?*, Ed. Didactică şi Pedagogică, Bucureşti, 2006;

Ch. C. Horner, *Ghidul incorect politic, despre încălzirea globală şi ecologism;* Ed. Contra Mundum, București, 2020;

S. E. Koonin, *Unsettled: What Climate Science Tell Us, What it doesn't, and why it matters*, BenBella Books, 2021;

J.-M. Jacquet, *L'émergence du droit souple (ou le droit ''réel'' dépassé par son double), Etudes à la mémoire du professeur Bruno Oppetit*, Litec, Paris, 2009;

D. McAllister, *The Climate Change Convention: A Signal of Emerging International Awareness*, Colorado Journal of International Environmental Law & Policy, nr. 4/1993;

D. Meinhard, *The Kyoto Protocol; Reflections on Its Significance on the Occasion of Its Entry into Force*, Dalhousie Law Journal, vol. 27;

C. R. Mitroi, *Globalizarea și mediul. Protecția juridică internațională referitoare la schimbările climatice*, în volumul Conferinței internaționale Globalization and intercultural dialogue: multidisciplinary Perspectives, ed.: Iulian Boldea, Târgu-Mureş, Ed. Arhipelag XXI, 2014;

C. R. Mitroi, *Regimul internațional al protecției atmosferei*, Ed. Hamangiu, București, 2019;

P. Moore, Patrick, *Pacific Spirit: The Forest Reborn*, Terra Bella Publishers Canada, 1995;

P. Moore, *Green Spirit: Trees are the Answer*. Greenspirit Enterprises, 2000;

P. Moore, *Trees are the Answer, 10th Anniversary Edition,* Beatty Street Publishing Inc, 2010;

P.Moore, *Confessions of a Greenpeace Dropout: The Making of a Sensible Environmentalist,* Beatty Street Publishing Inc., 2011;

P.Moore, *Fake Invisible Catastrophes and Threats of Doom*, Comox, BC: Ecosense Environmental Inc., 2021;

C. Pantelimon, *Progresul și tradiția între tehnologiile moderne și constrângerile ecologismului actual*, „Revista română de sociologie”, serie nouă, anul XXXII, nr. 5–6, p.283–303, București, 2021;

M. Peeters, *Inspection and market-based regulation through emissions trading. The striking reliance on self-monitoring, self-reporting and verification*, Utrecht Law Review, nr. 1/2006, vol. 2;

T. G. Puthucherril, *International Law on Climate Change Adaptation: Has the Time Come for a New Protocol?,* Macquarie Journal of International and Comparative Environmental Law, Nr. 2/2012, Vol. 8;

B. Saul, T. Stephens, J. McAdam, S. Sherwood, J. Slazek, *Introduction: Warming to a Global Challenge. Climate Change and Australia: Warming to the Challenge*, Federation Press, Sydney Law School Research Paper No. 14/10, 2012;

A. Savaresi, *The Paris Agreement: A New Beginning?,* Edinburgh School of Law Research Paper No. 08/2016;

E. Teodoreanu, *Se schimbă clima? o întrebare la început de mileniu*, Ed. Paideia, București, 2008;

M. Topor, *Se schimbă clima?*, Ed. Științifică, București, 1967;

D. G. Victor, *The collapse of the Kyoto Protocol and the Struggle to Slow Global Warming*, Princeton University Press, 2001;

P. Weil, *Vers une normativité relative en droit international?*, Revue générale de droit international public, 1982;

Fr. Wijen, K. Zoeteman, *Architecture of the Kyoto Protocol and Prospects for Public Climate Policy*, SSRN: http://ssrn.com/abstract=988540.

Table des matières

www.ingramcontent.com/pod-product-compliance
Lightning Source LLC
LaVergne TN
LVHW010947051026
849532LV00003B/1164
* 9 7 9 1 0 4 2 8 0 2 0 6 6 *